Lektürehilfe
Woyzeck von Georg Büchner

Copyright © 2021 StudyHelp
StudyHelp GmbH, Paderborn
WWW.STUDYHELP.DE

1. Auflage

Autor: Julia Hagelüken

Redaktion & Satz: Carlo Oberkönig
Kontakt: verlag@studyhelp.de
Umschlaggestaltung, Illustration: Emmylou Unger, StudyHelp GmbH

ISBN 978-3-947-**50667**-5

Inhalt

1   Über den Autor: Leben und Werk 7

1.1   Biografie: Georg Büchner – ein privilegierter Schriftsteller **8**

1.1.1   Kindheit im Großherzogtum Hessen 8

1.1.2   Straßburger Jahre 9

1.1.3   Revolutionäre Studienzeit in Gießen 11

1.1.4   Politisches Exil und früher Tod 14

1.2   Tabellarische Kurzübersicht: Leben und Werk **17**

1.3   Rezeptionsgeschichte **19**

1.3.1   Das literarische Werk Georg Büchners 19

1.3.2   Die Woyzeck-Rezeption 21

2   Zeitgeschichtlicher Hintergrund 23

2.1   Politische Geschichte **23**

2.2   Der Deutsche Vormärz **26**

2.3   Tabellarische Kurzübersicht **29**

2.4   Entstehungsgeschichte des Dramas: Quellen und historische Vorbilder .. **30**

3   Form und literarische Technik 35

3.1   Woyzeck: ein Drama in Fragmenten **36**

3.1.1   Die Handschriften 36

3.1.2   Karl Emil Franzos 38

3.2   Sprache im *Woyzeck*: die Besonderheiten von Georg Büchners Stil **39**

4   Inhaltsangabe 45

4.1   Szenenzusammenfassung **45**

4.1.1   Abend: Szenen 1–3 46

4.1.2   Vormittag: Szenen 4–8 49

4.1.3   Nachmittag, Abend: Szenen 9–13 55

4.1.4   Am folgenden Tag, Vormittags: Szenen 14–17 60

4.1.5   Abend: Szenen 18–26 63

4.2   Tabellarische Kurzübersicht **68**

5   Charakterisierung der Hauptfiguren 73

5.1   Woyzeck **73**

5.2   Marie **77**

5.3   Andres **80**

5.4   Der Hauptmann 81

5.5   Der Doktor 83

5.6   Der Tambourmajor 85

6   **Figurenkonstellation** 87

6.1   Schaubild 87

6.2   Woyzeck und Marie 87

6.3   Marie und der Tambourmajor 90

6.4   Woyzeck und der Hauptmann 91

6.5   Woyzeck und der Doktor 93

7   **Interpretationsansätze** 95

7.1   Die schicksalhafte Gewalttat: das Blut-Tod-Motiv 95

7.2   Der Totentanz: das Tanz-Motiv 97

7.3   Der Narr: das Märchen-Motiv 98

7.4   Die Schuldfrage: das Mord-Motiv 101

7.4.1   Eifersucht 103

7.4.2   Die psychische Krankheit 104

7.4.3   Die Befreiung von der Gesellschaft 106

8   **Abituraufgaben** 107

A   **Literaturverzeichnis** 109

Vorbemerkung

Georg Büchners Sozialdrama *Woyzeck* gilt bis heute als eines der meistgelesenen, meistgespielten und einflussreichsten Dramen und ist zum festen Bestandteil des deutschen Literaturkanon geworden. Diese Lektürehilfe richtet sich an SchülerInnen und Studierende sowie an alle Interessierten und begeisterten LeserInnen, die sich mit dem Drama beschäftigen möchten. Weil die Lese- und Bühnenfassung nur aus den fragmentarisch überlieferten Handschriften des Autors konzipiert werden konnte, wirkt der *Woyzeck* auf den ersten Blick vielleicht unübersichtlich und schwer zugänglich. Jedoch ist Büchners Drama zu einer Zeit entstanden, in der die Französische Revolution in Deutschland das Bedürfnis nach einer Reform der gesellschaftlichen Verhältnisse geweckt und schließlich zu entscheidenden Umbrüchen geführt hat. Der junge Autor verarbeitet in seinem *Woyzeck* sozial- und gesellschaftskritische Konflikte, die bis heute erstaunlich wenig an Relevanz und Aktualität eingebüßt haben. Damit fängt er den Zeitgeist und die revolutionäre Stimmung des Deutschen Vormärz literarisch gekonnt ein. Das tragische Schicksal des armen Soldaten Franz Woyzeck gipfelt am Ende in der Erkenntnis, wie sehr die menschliche Existenz durch die äußeren Umstände bedingt ist.

„Jeder Mensch ist ein Abgrund, es schwindelt einem, wenn man herabsieht.“

– Woyzeck in H2,8

Wer sich also gerade mit Büchners *Woyzeck* beschäftigt, kann zur Ergänzung dieses Buch in die Hand nehmen. Als Lektürehilfe bietet es einen ausführlichen Leitfaden, mit dem keine Fragen ungeklärt bleiben.

Verwendung der Lektürehilfe

In diesem Buch sind ausführliche Informationen zu Georg Büchners Leben und Werk sowie zum zeitgeschichtlichen Hintergrund und zur Entstehungsgeschichte des Dramas zu finden. Darüber hinaus enthält es eine detaillierte Inhaltsangabe, eine ausführliche Figurencharakterisierung, verschiedene Interpretationsansätze und dient somit als Unterstützung für Textverständnis und Analyse. Daher eignet es sich hervorragend als Lektürehilfe für die Vorbereitung von Referaten oder Prüfungen. Weiterhin wurden insbesondere zu diesem Zweck verschiedene Prüfungs- beziehungsweise Abituraufgaben in die einzelnen Kapitel integriert.

Als Textgrundlage, auf die sich auch die Versangaben in den Kapiteln 3 (Form und literarische Technik), 4 (Inhaltsangabe), 5 (Charakterisierung der Hauptfiguren), 6 (Figurenkonstellation) und 7 (Interpretationsansätze) beziehen, wurde die gängige Lese- und Bühnenfassung verwendet, die seit 1999 in der Studienausgabe des Reclam-Verlags von Burghard Dedner herausgegeben wird. Du erkennst den Bezug im Text durch die Angabe (Ref., S. X). Die Studienausgabe wurde bewusst als Referenzausgabe gewählt, weil sie neben der Lese- und Bühnenfassung auch den emendierten und differenzierten Text enthält und somit eine allumfassende Auseinandersetzung mit den Handschriften ermöglicht.

Viel Spaß mit Woyzeck, Marie und dem Hauptmann – und dieser Lektürehilfe wünscht

— Julia Hagelüken

1 Über den Autor: Leben und Werk

Georg Büchner war zum Zeitpunkt seines Todes am 19. Februar 1837 gerade erst 23 Jahre und 4 Monate alt und hatte bislang nur ein einziges Werk unter seinem Namen veröffentlicht – das Drama *Dantons Tod*. Sein Lektor Karl Gutzkow hat in einem Brief an Büchners Verlobte einmal äußerst trefflich formuliert, dass der junge Autor *„mitten, ja noch vor seinem Anlaufe zum Höchsten starb"*[1]. Denn obwohl er in Bezug auf die eigene Textproduktion ausgesprochen engagiert war, konnte Büchner zum Zeitpunkt seines frühen Todes nicht ansatzweise das Œuvre[2] vorlegen, wie es von anderen berühmten Autoren überliefert ist. Zum Vergleich: Wäre Goethe im gleichen Alter wie Büchner gestorben, hätte er nur ein paar Gedichte, einen kleinen Aufsatz und ein Drama hinterlassen – irgendwie kaum vorstellbar.

Umso bemerkenswerter ist die außergewöhnliche Wirkung und Bedeutung von Georg Büchners literarischem Werk, das sich auf drei Dramen und einen Prosatext beschränkt und im kurzen Zeitraum von nur drei Jahren entstanden ist. Er gehört heute zu den wichtigsten Autoren Deutschlands, denn seine Texte werden noch immer vielfach diskutiert und rezipiert. Nicht umsonst trägt der renommierteste Literaturpreis im deutschen Sprachraum seinen Namen. Wer ist also dieser Mann, der es geschafft hat, mit so wenig so viel zu bewirken? Im Folgenden wird das kurze, aber ereignisreiche Leben des jungen Autors beschrieben, den sein politisches Engagement letztendlich sogar ins Exil trieb. Anschließend wird kurz auf die Rezeption sowie die literaturhistorische Bedeutung von Büchners Werk eingegangen, wobei speziell in Bezug auf das Drama *Woyzeck* die biografischen Parallelen zwischen seinem Leben und seinen Texten herausgearbeitet werden.

Grundlage des biografischen Teils dieser Lektürehilfe bilden im Wesentlichen zwei Büchner-Biografien, die beide einen entscheidenden Beitrag zur Büchner-Forschung geleistet und bis heute ihre Aktualität bewahrt haben. Erstens ist hier unbedingt die Büchner-Studie von Marianne Beese zu nennen, die seit dem Jahr 1983 erscheint und an die bis dahin wichtigsten Büchner-Forschungen von Jan-Christoph Hauschild und Hans Mayer anknüpft. Mit ihrer Büchner-Biografie überarbeitet sie die bestehende Forschung speziell durch die präzisere Einordnung von biografischen Daten und Fakten, die zum Teil auch aus bisher unberücksichtigt gebliebenen Briefen hervorgegangen sind. Zweitens nähert sich die Biografie von Ariane Martin aus dem Jahr 2007 dem Leben und Werk des Autors insbesondere unter dem Aspekt der jeweiligen Überlieferungssituation der Texte und studiert Büchner damit speziell im Kontext seiner eigenen Zeit. Dadurch arbeitet sie den *„ausgeprägten Wirklichkeitsbezug"*[3] von Büchners literarischem Werk vor dem Hintergrund seines Lebens als revolutionär engagierter Schriftsteller umso deutlicher heraus.

---

[1] A. Martin: *Georg Büchner*, Stuttgart 2007, S. 7
[2] Gesamtwerk eines Künstlers, einer Künstlerin
[3] A. Martin: *Georg Büchner*, Stuttgart 2007, S. 17

1.1 Biografie: Georg Büchner

1.1.1 Kindheit im Großherzogtum Hessen

Karl Georg Büchner wurde am 17. Oktober 1813 im kleinen hessischen Dorf Goddelau bei Darmstadt geboren. Er war der älteste Sohn von Ernst Karl Büchner (1786-1861) und Caroline Louise Büchner, geb. Reuß (1791-1858). Nach ihm folgten noch sechs weitere Kinder, von denen allerdings nur fünf überlebten. Hinsichtlich der Kindererziehung sind die unterschiedlichen Persönlichkeiten von Vater und Mutter äußerst bemerkenswert, da sie beide einen erheblichen Einfluss auf Büchner und seine Geschwister ausübten.

Ernst Büchner stammte aus einer Familie von hessischen Wundärzten und wuchs in der entbehrungsreichen Zeit vor der französischen Revolution auf. Als Armeechirurg diente er selbst fünf Jahre im napoleonischen Heer. Zwar hielt er die französische Sprache und Kultur sowie die revolutionären Bestrebungen für fortschrittlich und achtenswert, blieb aber stets ein loyaler Untertan des hessischen Großherzogs. Er war ein entschiedener Befürworter der monarchischen Ordnung und lehnte daher auch die jakobinischen Revolutionsversuche ab. Die angesehene Stellung seiner Familie als Mitglied der gesellschaftlichen Elite des Großherzogtums Hessen-Darmstadt war für ihn von großer Bedeutung. Er förderte die Ausbildung der Kinder stets großzügig, verlangte jedoch, dass sie sich seinen Grundsätzen unterordnen. Caroline Büchner hingegen war eine warmherzige, gütige und verständnisvolle Frau. Politisch gesehen sympathisierte sie mit dem Kampf gegen die napoleonische Herrschaft und hoffte auf die nationalstaatliche Einigung Deutschlands. Sie war vor allem darauf bedacht, bei den Kindern Verstand und Gefühl auszubilden. Daher lehrte sie früh Lesen, Schreiben und Rechnen und brachte ihnen Musik und Literatur nahe. Trotz ihrer Verschiedenheit konnten Ernst und Caroline Büchner ihren Kindern ein harmonisches und im Grunde sehr friedliches Elternhaus bieten. Das zeigte sich auch Jahre später noch durch einen starken Familienzusammenhalt.

Diese Umstände sind eine naheliegende Erklärung dafür, dass nicht nur Georg Büchner selbst sondern auch vier weitere seiner Geschwister eine überdurchschnittliche Begabung entwickeln konnten und später zu erfolgreichen und bekannten Persönlichkeiten wurden. Louise Büchner (1821-1877) trat als Schriftstellerin und Frauenrechtlerin auf und hatte sich dabei vor allem der Emanzipation der Frauen des Mittelstands und der Arbeiterschicht verschrieben. Ludwig Büchner (1824-1899) verfasste eines der bekanntesten Werke zur materialistischen Philosophie des 19. Jahrhunderts und war darüber hinaus als Arzt tätig. Alexander Büchner (1827-1904) war nach seinem erfolgreich absolvierten Jurastudium zuerst aktiv an der Revolution von 1848 beteiligt und wurde deswegen vor Gericht gestellt. Nach seinem Freispruch lehrte er in Zürich und später in der französischen Stadt Caën als Professor für Literatur. Zuletzt machte sich der Pharmazeut Wilhelm Büchner (1816-1892) durch die Erfindung des künstlichen Ultramarinblaus einen Namen. Als Fabrikant verdiente er damit überdurchschnittlich gut und war nebenbei als Politiker für die demokratische Fortschrittspartei im Reichstag aktiv.

1816 wurde der Vater Ernst Büchner zum Distriktsarzt befördert und nach Darmstadt versetzt, wo Georg und seine Geschwister den Großteil ihrer Kindheit verbrachten. Im Herbst 1821 wurde Georg Büchner in das private Karl-Weitershausen-Institut eingeschult, an dem er eine gute und fundierte Ausbildung in den Fächern Geometrie, Physik, Geschichte, Latein, Griechisch und Französisch erhielt. Vier Jahre später, im März 1825, wechselte er auf das großherzogliche Pädagog Darmstadt, ein renommiertes Gymnasium und damit ein weiteres Indiz für Büchners privilegierte Situation. Denn die Schülerschaft des Gymnasiums bestand damals zu etwa 80% aus Kindern von

Staatsbeamten, Gelehrten und Geistlichen und nur zu 20% aus Kindern des Bürgertums. Bemerkenswert ist auch, dass Büchner aufgrund seiner guten Vorkenntnisse zu Beginn die erste Klasse überspringen durfte. Ein Jahr später konnte er noch eine weitere Klassenstufe auslassen, weshalb er zum Zeitpunkt seines Schulabschlusses 1831 deutlich jünger war als die meisten seiner Mitschüler.

Dabei unterschied Büchner sich zumindest oberflächlich nicht besonders von den anderen Schülern, seine Leistungen waren zwar gut, aber keineswegs herausragend. Vielmehr schienen ihn die theoretischen Lehrinhalte eher zu langweilen. Er schrieb stattdessen lieber kleine satirische Texte über den Schulalltag. Bereits zu dieser Zeit las Büchner viel, war jedoch an der gängigen Unterhaltungslektüre nicht interessiert. Seine Wertschätzung galt Shakespeare und Goethe, der Volkspoesie sowie der antiken Dichtung. Darüber hinaus weckten insbesondere philosophische Fragen seine Neugier, speziell konzentrierte er sich auf metaphysische und ethische Probleme in Verbindung mit den Naturwissenschaften. Generell bezog er gegenüber allen Dingen eine prüfende und kritische Haltung, Autoritätspersonen schüchterten ihn nicht ein. Alles in allem sahen die Lehrer in Büchner einen *„intelligenten, vielversprechenden Schüler, der sich jedoch im weiteren Lebensgang erst vollends zu beweisen habe.“*[4] Sein Abschlusszeugnis, das er schließlich mit 17 Jahren in Empfang nahm, bescheinigte ihm ein fast einwandfreies Verhalten. Besonders für seine Leistungen in den Fremdsprachen Griechisch, Latein und Italienisch, aber auch für herausragende Auffassungsgabe und brillantes Darstellungstalent erhielt er großes Lob. Der Schulleiter Carl Dilthey ließ bei der Zeugnisvergabe verlauten, er hätte vom jungen Georg Büchner noch etwas Ausgezeichnetes zu erwarten.

Bereits in den ersten, noch während der Schulzeit entstandenen Schriften Büchners ist die Kritik an herkömmlichen Ideologien und Theorien erkennbar. Bekanntes überprüfte er sorgfältig oder stellte es infrage, stets auf der Suche nach einer weiterführenden Erklärung/Wahrheit. Ganz besonders das Thema Selbstmord erregte seine Aufmerksamkeit. Er verfasste dazu mehrere Aufsätze und studierte intensiv mögliche Motive. Die durch das Christentum allgemein verbreitete Stigmatisierung des Selbstmords als Sünde lehnte er entschieden ab. Stattdessen bemühte er sich um alternative Ansätze; beispielsweise schrieb Büchner, der Selbstmord als letzter Ausweg aus einer physischen oder psychischen Erkrankung hebe jeglichen Schuldvorwurf auf. Er notierte aber auch, dass der Selbstmord gegen die menschliche Natur, also eine unnatürliche Handlung sei. Auch Büchners kritisches Interesse an Religion und die ablehnende Haltung gegenüber der christlichen Lehre klingt in diesen Texten bereits an.

1.1.2 Straßburger Jahre

Im November 1831 schrieb Büchner sich im Alter von 18 Jahren an der Medizinischen Fakultät der Straßburger Akademie ein. Auch diese Gegebenheit belegt erneut Büchners privilegierte Stellung, denn aus formalen Gründen war für Absolventen des Gymnasiums normalerweise zunächst nur das Studium an der großherzoglichen Landesuniversität Gießen möglich. Büchners Vater hatte zu diesem Zweck eigens einen Antrag bei der Landesregierung gestellt. Auch das Studienfach hatte der Vater ausgewählt, zum einen weil die Naturwissenschaften zu diesem Zeitpunkt Büchners Begabungen entsprachen, zum anderen weil der Arztberuf einen guten Verdienst versprach. Darüber hinaus wurde Straßburg als Studienort vermutlich aus praktischen Gründen gewählt, denn Büchners Mutter hatte dort Verwandtschaft, die ihn bei der Eingewöhnung in der neuen Umgebung unterstützen sollte. Über sie wurde Büchner an den protestantischen Pfarrer Johann Jacob

---

[4]M. Beese: *Georg Büchner*, Hamburg 2015, S. 28f

Jaeglé vermittelt, in dessen Haus er sich einmietete. Die Bekanntschaft mit dem höchst gebildeten und vielseitig interessierten Jaeglé war für Büchner damals eine große Bereicherung. Nicht zuletzt wegen des Zugangs zur reichhaltigen Privatbibliothek Jaeglés, wodurch er verschiedene literarische Eindrücke sammeln konnte. Aber auch die Bekanntschaft mit Wilhelmine Jaeglé, der 21-jährigen Tochter des Pfarrers und Büchners zukünftigen Verlobten, wirkte sich mit Sicherheit positiv auf seine Stimmung aus, da die beiden schnell Gefallen aneinander fanden. Die offene und anregende Atmosphäre im Haus ist Büchner nachhaltig in Erinnerung geblieben. Er selbst bezeichnete die Straßburger Zeit später als besonders ereignisreich und glücklich.

Der äußerst zeitintensive Unterricht an der Universität verlangte Büchner einiges an Disziplin und Fleiß ab. Besonders die beiden renommierten Professoren Louis Duvernoy und Ernest-Alexandre Lauth prägten ihn in seinem naturwissenschaftlichen Studium, da deren gegensätzlichen wissenschaftlichen Standpunkte der zeitgenössischen Meinungsverschiedenheit zwischen positiver Naturwissenschaft und spekulativer Naturphilosophie entsprachen. Büchner hatte dadurch Gelegenheit, sich mit unterschiedlichen Ansätzen auseinanderzusetzen.

Auch unter seinen Mitstudenten knüpfte er so manche Bekanntschaft. Sein engster Freund, der ebenfalls vielseitig interessierte Eugène Böckel, war damals Mitglied der Studentenverbindung *„Eugenia"*. Der rhetorisch sehr begabte Büchner war ab Winter 1831 öfter bei den Diskussionsrunden der Eugenia zu Gast und hatte damit die optimale Plattform gefunden, sich mit den Kommilitonen über literarisch-theologische Themen auszutauschen. Darüber hinaus waren auch die jüngsten politischen Entwicklungen immer wieder Gegenstand der Gespräche, was Büchners politisches Interesse nachhaltig entfachte.

Büchner erlebte in Straßburg nach der Julirevolution eine *„intensive Zeit der alternativ diskursiven, der politischen kontroversen Diskussionen um Strategien einer Revolution"*[5]. Die Julirevolution 1830 hatte den Sturz des französischen Adels und die Vertreibung des reaktionären König Karls X. erreicht. An seine Stelle war der *„Bürgerkönig"* Louis-Phillipe getreten, von dem zunächst eine liberale Politik zugunsten des Bürgertums erwartet wurde. Doch unter anderem die Erneuerung von Frankreichs Mitgliedschaft in der Heiligen Allianz, einem monarchischen Bündnis mit Russland, Österreich und Preußen, entlarvte die Revolution schließlich als mangelhaft und unfertig. Büchner bewegte sich während seines Studiums in genau der postrevolutionären Latenzzeit, die ein breites politisches Diskussionsfeld um die Machbarkeit einer erneuten Revolution eröffnet hatte. Insbesondere Straßburg hatte sich zum interkulturellen und politischen Zentrum entwickelt, das Bürger und Studenten spürbar polarisierte und für politische Propaganda empfänglich machte. Sowohl aus einem Protokoll der Eugenia, als auch in einem Brief an die Eltern wird Büchners kritische Haltung gegenüber der Politik Louis-Phillipes klar ersichtlich. 1832 schrieb er: *„das Ganze ist doch nur eine Komödie. Der König und die Kammern regieren, und das Volk klatscht und bezahlt"*[6].

Im Frühjahr 1832 war Büchner zwei Wochen lang krank und musste das Bett hüten, weshalb er nicht an den Vorlesungen der Universität oder den Sitzungen der Eugenia teilnehmen konnte. Wilhelmine Jaeglé und er kamen sich dabei näher, während sie ihn hingebungsvoll gesund pflegte. Kurz darauf verlobte er sich heimlich mit ihr, wobei lange Zeit einzig Eugène Böckel von der Beziehung wusste. Im August 1832 fuhr Büchner zurück zu seiner Familie nach Darmstadt, um dort die dreimonatigen Semesterferien zu verbringen. Dort angekommen musste er schnell feststellen, dass ihm Straßburg eine neue Heimat und Darmstadt fremd geworden war.

---

[5] G. Oesterle: *Georg Büchner und seine Zeit. Ein privilegierter Schriftsteller und ein solitäres Werk*, S. 21
[6] A. Martin: *Georg Büchner*, Stuttgart 2007, S. 41

Ab Oktober führte er sein Studium an der Universität fort und freute sich dabei sehr über die Rückkehr ins politisch bewegte Klima Frankreichs. Er plante sogar, eine politische Abhandlung zu ver-
fassen, doch besonders das Anatomie-Praktikum beanspruchte seine Zeit erheblich, was Büchner
als äußerst lästig empfand. Nachdem er Weihnachten in Straßburg verbracht hatte, berichteten
ihm seine Eltern in einem Brief vom April 1833 vom Frankfurter Wachensturm, einem Putsch-
versuch, an dem auch einige von Büchners Mitabsolventen des Darmstädter Pädagogs beteiligt
waren. Ziel dieses bewaffneten Aufstands war der Anstoß einer Revolution in ganz Deutschland,
der aufgrund mangelnder Unterstützung seitens der passiven Frankfurter Bevölkerung allerdings
scheiterte. Noch am gleichen Tag verfasste Büchner eine Antwort an die Eltern und erklärte sich
mit der oppositionellen Gewalt gegen die staatliche Repression mehr als einverstanden: *„Wenn in
unserer Zeit etwas helfen soll, so ist es Gewalt"*[7]. Die aktuelle politische Ordnung nannte er *„Ein
Gesetz, dass die große Masse der Staatsbürger zum frohnenden Vieh macht, um die unnatürli-
chen Bedürfnisse einer unbedeutenden und verdorbenen Minderzahl zu befriedigen"*[8]. Vermutlich
ist hier der Beginn des Konflikts zwischen Büchner und seinem Vater zu verorten, der der revolutionären Haltung seines Sohnes stets ablehnend gegenüberstand. Büchners Eltern, die aufgrund
des Angriffs auf die bestehende Ordnung sehr aufgewühlt waren, befürchteten daraufhin die Teilnahme ihres Sohnes an den Freiburger Protesten.

Büchner nahm zwar selbst nicht an den Demonstrationen teil, war jedoch stets gut informiert und
sympathisierte mit der oppositionellen Bewegung. Diese Zeit des regen politischen Aktivismus
nutzte er, um sich intensiv mit verschiedenen Konzepten der sozialrevolutionären politischen Theorie auseinanderzusetzen, wobei insbesondere die Gewaltfrage sein Interesse weckte. Im August
1833 verließ Büchner Straßburg nach Ablauf der zwei bewilligten Auslandsstudienjahre, um im
Herbst sein Studium an der großherzoglichen Universität Gießen fortzusetzen. Seinen Eltern gegenüber hatte er zuvor noch in einem Brief klargestellt: auf die *„revolutionären Kinderstreiche"*[9]
der Gießener Widerstandsbewegung würde er sich nicht einlassen.

1.1.3 Revolutionäre Studienzeit in Gießen

Den Sommer 1833 verbrachte Büchner im Haus der Eltern in Darmstadt und nutzte die Zeit vor
allem für die Vorbereitungen auf den Semesterstart in Gießen. Obwohl er sich freute, die Familie wiederzusehen, litt er unter Langeweile und Heimweh nach den Freunden und der Verlobten
in Straßburg, wie er in seinen Briefen an Eugène Böckel immer wieder betonte. Wäre es nach
Büchner gegangen, hätte er Straßburg nie verlassen. Doch das hessische Gesetz verlangte, min-
destens vier Semester des Studiums an der großherzoglichen Landesuniversität in Gießen zu
absolvieren. Es kann also davon ausgegangen werden, dass der Umzug nach Gießen keinesfalls
freiwillig stattgefunden hat und Büchner daher sehr schwergefallen sein muss.

Im September erhielt Büchner Besuch des Straßburger Kommilitonen Alexis Muston, der für seine Doktorarbeit eine Studienreise durch Deutschland unternahm. Die Gesellschaft des Freundes
muss für Büchner ein Lichtblick gewesen sein, weshalb er bei dessen Abreise beschloss, ihn
im Rahmen einer Wanderung bis nach Heidelberg zu begleiten. Aus Mustons Notizen kann ent-
nommen werden, dass Büchner auf dieser Reise viel über seine politische Einstellung sprach. Er
bewunderte die Französische Revolution, hegte eine tiefe Abneigung gegenüber Napoleon und
wünschte sich die nationalstaatliche Einigung Deutschlands.

---

[7]A. Martin: *Georg Büchner*, Stuttgart 2007, S. 48
[8]ebd (Hinweis: „ebd" ersetzt die Nachnamen der Autoren und das Erscheinungsjahr, wenn diese zweimal oder mehrmals
hintereinander zitiert werden.)
[9]ebd, S. 56

Im Oktober 1833 setzte Büchner dann sein Medizinstudium in Gießen fort, wo er sich bei einem Kaufmann namens Karl Hoffmann ein kleines Zimmer gemietet hatte. An der Universität war der Studienalltag - anders als Büchner es aus Straßburg kannte - streng geregelt, weshalb er sich lediglich auf den Besuch der verbindlich vorgeschriebenen Veranstaltungen konzentrierte. Es kann nicht genau gesagt werden, welche Lehrveranstaltungen er dort besuchte, da über sein Studium in Gießen nahezu keine Dokumente überliefert sind. Vermutlich waren es neben den medizinischen Vorlesungen weitere zu den Themen Logik, Naturrecht und Politik.

Es fiel Büchner alles andere als leicht, am neuen Studienort Fuß zu fassen. Die Lehre der Professoren erschien ihm veraltet und mittelmäßig, die Interessen der Kommilitonen entsprachen nicht den seinen. Auch das politische Umfeld nahm er als trostlos und repressiv wahr. Darüber hinaus haderte er mit seiner mutmaßlichen Zukunft als praktizierender Arzt im Großherzogtum Hessen, schließlich würde er bald einem *„kriechenden Staatsdiener-Aristokratismus"*[10] angehören. Weiterhin beschäftigte ihn die jüngste Verhaftung zweier ehemaliger Mitschüler, die wegen des Verdachts der Beteiligung am Frankfurter Wachensturm angeklagt waren. Bereits im September hatte er für einen der Inhaftierten, den ehemaligen Mitschüler und jetzigen Kommilitonen Christian Kriegk, einen Meineid geleistet, der dessen Freilassung bewirkte. Auch wenn Büchner sich nicht aktiv an der revolutionären Bewegung beteiligen wollte, war er durch seine Anteilnahme und die persönliche Verbundenheit durchaus in die Geschehnisse involviert.

Büchner fühlte sich einsam und unverstanden. Diese Umstände führten zu einer depressiven Verstimmung, die bald auch eine körperliche Erkrankung zur Folge hatte. Aufgrund einer Hirnhautentzündung musste Büchner erst wenige Wochen nach Semesterbeginn das Studium wieder unterbrechen und nach Darmstadt ins Elternhaus zurückkehren. Dort beschäftigte ihn auch der Konflikt mit dem Vater, der sich schon in der Straßburger Zeit angekündigt hatte. Ernst Büchner missfiel besonders die oppositionelle Grundhaltung seines Sohnes. Darüber hinaus war er mit dessen Ablehnung des Arztberufs nicht einverstanden. Weiterhin verschwieg Büchner noch immer die Verlobung mit Wilhelmine Jaeglé, vermutlich weil er befürchtete, dass sich die Rolle des politisch aktiven Revolutionärs nicht mit der eines Ehemanns und Familienvaters vereinen lassen würde. Um sich von den körperlichen und seelischen Belastungen so gut wie möglich abzulenken, zog Büchner sich aus dem Familienalltag zurück und beschäftigte sich intensiv mit Philosophie und der Geschichte der Französischen Revolution.

Die Ergebnisse dieser Studien fasste er in jenem ausführlichen Schreiben zusammen, das später als der sogenannte *Fatalismusbrief* berühmt geworden ist. Er ist ein Zeugnis politischer Unzufriedenheit und Resignation; Kampfgeist und Idealismus entwickelten sich zunehmend zu einer fatalistischen Grundhaltung. Büchner war nunmehr überzeugt, dass mittlerweile nicht einmal eine Revolution zum Umsturz der Verhältnisse führen würde. Diese Erkenntnis stellte für ihn eine starke seelische Belastung dar und zerschlug seinen Gerechtigkeitswillen. Im Alter von 20 Jahren war Büchner an einem Punkt der inneren Veränderung, der Desillusionierung angelangt. Die Dinge, an die er bisher geglaubt hatte und für die er eingetreten war, erschienen ihm auf einmal falsch und verfremdet. Er musste sein Weltbild und Selbstverständnis grundlegend überdenken.

Als Büchner im Frühjahr 1834 wieder nach Gießen zurückkehrte, verfestigten sich die aus der Existenzkrise gewonnenen Einsichten seine Stellung als Außenseiter umso mehr. Er nahm nicht an den Treffen der Kommilitonen teil, sondern verbrachte die meisten Abende allein in seinem Studierzimmer. Er schloss sich selbst aktiv aus dem Campusleben aus, weshalb er von den Mitstudenten als *„Fremdling"*[11] wahrgenommen wurde. Dies ließen sie ihn auch durch ihre spöttischen

---

[10]M. Beese: *Georg Büchner*, Hamburg 2015, S. 65
[11]ebd, S. 69

Kommentare spüren. Büchner wirkte auf seine Mitmenschen zunehmend hochmütig und abweisend, nicht zuletzt seine Eltern kritisierten sein Benehmen. Aus seiner Sicht besaß allein er das Wissen – ja die Erkenntnis – über die Dinge, weshalb er das starke Bedürfnis hatte, sich von der Oberflächlichkeit der anderen zu distanzieren. Allmählich bahnte sich eine erneute Krise an, die Büchner zum Anlass nahm, seine revolutionären Bestrebungen neu auszurichten.

Eine wesentliche Rolle spielte dabei die Bekanntschaft mit August Becker, der sein Studium aus Geldmangel abgebrochen hatte und unter den Gießener Studenten als unbeliebter, armer Exzentriker bekannt war. Bald entwickelte sich eine Freundschaft zwischen den beiden Außenseitern, durch die Büchner schließlich den direkten Kontakt zu Friedrich Ludwig Weidig, zu diesem Zeitpunkt Anführer der hessischen Oppositionsbewegung, knüpfen konnte. Zusammen mit vielen der ehemaligen Beteiligten am Frankfurter Wachensturm war Büchner im März 1834 maßgeblich an der Gründung der sogenannten Gesellschaft für Menschenrechte beteiligt, einer revolutionären Geheimorganisation. Das Ziel der Organisation war vor allem die Verbreitung revolutionärer Flugblätter. Zu diesem Zweck verfasste Büchner noch im März diejenige Flugschrift, die Weidig später unter dem Namen *Der Hessische Landbote* veröffentlichen ließ. Zu Ostern verließ Büchner Gießen ohne Wissen der Eltern, um seine Verlobte in Straßburg zu besuchen. Zuvor hatte er in einem Brief an Wilhelmine bereits anklingen lassen, dass er sich von nun an vollends dem revolutionären Engagement widmen würde. Er schrieb von der *„gewisse[n] Aussicht auf ein stürmisches Leben, vielleicht bald auf fremdem Boden"*[12], womit er unter anderem das ihm womöglich bevorstehende politische Exil andeutete.

Mitte April 1834 kehrte Büchner nach Darmstadt zurück, wo die Eltern inzwischen durch einen Zufall von der heimlichen Verlobung erfahren hatten. Ernst Büchner war über die Beziehung seines Sohnes zu der Pfarrerstochter erbost, was erneut zu familiären Konflikten führte. Büchner, der sich mit politischen Aktivitäten vom Streit mit dem Vater abzulenken versuchte, gründete noch während seines Besuchs einen Darmstädter Flügel der Gesellschaft für Menschenrechte. Ende April wieder zurück in Gießen, setzte er sein oppositionelles Engagement unverzüglich fort und arbeitete an der Reinschrift des *Hessischen Landboten*. Im Mai ließ er sie an Weidig übergeben, der die Flugschrift innerhalb von zwei Monaten eigenständig überarbeitete. Büchner war über diese Änderungen mehr als aufgebracht und wollte die Schrift nun nicht mehr als seine eigene anerkennen, denn er hatte insbesondere den Kampf der hessischen Bauern gegen die reiche Bevölkerung betont. Weidig befürchtete durch die radikalen Aussagen Büchners allerdings eine Spaltung zwischen den Bauern und der Mittelschicht und sah daher die notwendige Einigkeit der verbündeten Parteien gegen das aristokratische System gefährdet. Nach Weidigs Ansicht müsste man für den Kampf gegen das bestehende Ordnungsprinzip nämlich sowohl die bürgerlich-radikale, als auch die liberale Fraktion mobilisieren. Das konnte Büchner, der durch die Straßburger Zeit geprägt ein großes Misstrauen gegenüber liberalen Gesinnungen entwickelt hatte, nicht akzeptieren. Aus einem für die Gesellschaft der Menschenrechte verfassten Aufsatz Büchners geht hervor, dass das Ziel der Organisation die Konstitution einer republikanischen Verfassung war, da diese die Menschenwürde als einzige adäquat wahren würde. Dafür wäre zunächst ein Krieg gegen die Reichen unabdingbar. Aufgrund seiner radikalen und wenig durchsetzungsfähigen Ansichten verlor Büchners Organisation allerdings kurze Zeit später wieder die Großzahl ihrer Mitglieder.

Anfang Juli sollte schließlich auf einer zentralen Versammlung der hessischen Opposition zur Gründung eines geheimen Pressevereins unter anderem auch über die Inhalte des *Hessischen Landboten* entschieden werden. Dort wurden die Änderungen Weidigs von der Mehrheit akzeptiert, weshalb sich Büchner letztendlich mit der überarbeiteten Fassung einverstanden erklären

---

[12]A. Martin: *Georg Büchner*, Stuttgart 2007, S. 71

musste. Wenige Tage später wurde das Manuskript an den Offenbacher Buchdrucker Carl Preller übergeben. Die fertigen Exemplare brachte man Ende Juli zurück nach Gießen, wo sie verbreitet werden sollten. Am 1. August 1834 wurde Karl Minnigerode, ein revolutionärer Akteur der Oppositionsbewegung und Bekannter Büchners, mit 139 Ausfertigungen der Flugschrift in Gießen verhaftet. Daraufhin machte Büchner sich auf den Weg zu Weidigs Aufenthaltsort, um ihn und andere Beteiligte zu warnen. Auf dem Rückweg nahm er einen Umweg über Frankfurt und traf sich dort kurzerhand noch mit Eugène Böckel. Am 5. August kehrte er nach Gießen zurück, wo seine Unterkunft inzwischen durchsucht und sein Vermieter verhaftet worden war. Seinen Eltern und dem Ermittler Konrad Georgi gegenüber tat Büchner ahnungslos und unschuldig und nannte seine Reise nach Frankfurt einen *„harmlosen Wochenendausflug"*[13]. Tatsächlich gaben das Treffen mit Böckel und der damit verbundene Briefwechsel ein hervorragendes Alibi ab, welches von Georgi nicht widerlegt werden konnte. Die Verhaftung blieb Büchner dadurch erspart. Obwohl er vorerst also keine Konsequenzen zu befürchten hatte, verließ Büchner Gießen etwa drei Wochen nach der Hausdurchsuchung und begab sich auf Anweisung seines Vaters zu den Eltern nach Darmstadt.

Ernst Büchner zweifelte die Unschuld seines Sohnes stark an, weshalb er ihn unter seine strenge Aufsicht stellte und von ihm die fleißige Vorbereitung des Medizin-Examens verlangte. Im September besuchte Wilhelmine Jaeglé die Eltern in Darmstadt, was zu einer Versöhnung zwischen Ernst Büchner und der Verlobten führte. Nach ihrer Abreise begann Büchner im Januar 1835 mit der Recherche für *Dantons Tod*, ein Drama über die Französische Revolution. Zur selben Zeit bekam er eine Vorladung vom Kriminalgericht in Offenbach und wurde wenige Wochen später für eine Zeugenaussage nach Friedberg berufen. Büchners Arbeit an *Dantons Tod* war geprägt von der ständigen Angst, entdeckt und verhaftet zu werden, weshalb er geradezu in *„fiebriger Hast"*[14] am Manuskript arbeitete. Allmählich war klar, dass die Ermittler aufgrund belastender Zeugenaussagen anderer Revolutionäre früher oder später auf ihn zurückkommen würden, weshalb die Flucht der einzige Ausweg zu sein schien. Doch das bedeutete, Eltern, Freunde und die politischen Verbündeten zurückzulassen. Sich unwiderruflich für das politische Exil zu entscheiden, fiel Büchner sehr schwer. Außerdem hatte er kein Geld zur Finanzierung dieses Vorhabens. Der Verkauf des fertigen Manuskripts sollte die Lösung für dieses Problem sein, weshalb er die Reinschrift des Dramas in nur wenigen Wochen fertigstellte. *Dantons Tod* diskutiert verschiedene Fragen zur Notwendigkeit und Unmittelbarkeit revolutionären Handelns am Beispiel der Französischen Revolution. Eine Haltung, die Büchner im *Hessischen Landboten* bereits vertreten hatte.

Am 21. Februar 1835 beantragte Büchner den für seine Flucht nach Frankreich erforderlichen Geburtsschein, was ihn zusätzlich verdächtig machte. Am selben Tag bot er dem Frankfurter Buchhändler Johann Sauerländer das fertige Manuskript an und betonte dabei, wie eilig ihm die Veröffentlichung sei. Als das Honorar am 7. März schließlich bei Ernst Büchner einging, der von der literarischen Tätigkeit seines Sohnes bisher nicht gewusst hatte, war Büchner am Tag zuvor bereits nach Friedberg *„gereist"*, um von dort die Flucht nach Straßburg anzutreten. Am 9. März passierte er schließlich bei Weißenburg die Grenze zu Frankreich. Die erfolgreiche Übersiedlung nach Straßburg muss für ihn eine immense Erleichterung gewesen sein.

1.1.4 Politisches Exil und früher Tod

In Straßburg wohnte Büchner wieder im Haus Jaeglés und konnte so auch viel Zeit mit der Verlobten verbringen. Währenddessen ließ Georgi in der Heimat per Steckbrief nach ihm suchen. Zu

---

[13]A. Martin: *Georg Büchner*, Stuttgart 2007, S. 78
[14]M. Beese: *Georg Büchner*, Hamburg 2015, S. 101

Büchners Glück waren der Straßburger Verwaltung derartige Fahndungsaufrufe weitestgehend gleichgültig, weshalb er seine Zeit dort in verhältnismäßiger Sicherheit verbrachte. Allerdings waren politische Flüchtlinge nicht durch das Gesetz geschützt, weshalb auch Büchners Aufenthalt eher auf einer Duldung beruhte, die jederzeit widerrufen werden konnte. Zusätzlich zu dieser unberechenbaren Situation plagte ihn die Sorge über die in Deutschland Zurückgelassenen und insbesondere die der anderen Beteiligten am *Hessischen Landboten*. Er verfolgte die Vorfälle in der Heimat gewissenhaft, wie auch die Verhaftung Beckers und Weidigs. Von Preller, der im August ebenfalls erfolgreich nach Straßburg fliehen konnte, erfuhr Büchner außerdem Näheres über die äußerst menschenunwürdigen Haftbedingungen, aufgrund derer beispielsweise der Verbündete Minnigerode mittlerweile tödlich erkrankt war. Diese doch sehr belastenden Umstände sorgten dafür, dass Büchner sich in Bezug auf sein politisches Engagement vorerst vollständig zurückhielt. Stattdessen nahm er seine wissenschaftlichen Studien wieder auf und konzentrierte sich von nun an mehr auf naturwissenschaftlich-philosophische Inhalte.

Einzige Lichtblicke in dieser Zeit dürften die Wiedervereinigung mit der Verlobten sowie der Kontakt zum alten Freund Eugène Böckel und den anderen politischen Flüchtlingen aus Deutschland gewesen sein. Maßgeblich prägte ihn in dieser Zeit auch der rege Kontakt zu seinem Lektor Karl Gutzkow in Frankfurt, der ihn bereits bei der Veröffentlichung von *Dantons Tod* für Sauerländers Verlag betreut hatte. Büchner, dem die existenzielle Bedrohung seiner Situation schmerzlich bewusst war, klagte in seinen Briefen an Gutzkow insbesondere über schlechte finanzielle Verhältnisse. Die Tätigkeit als Arzt kam nicht in Frage und auch die Unterhaltszahlungen der Eltern reichten zum Leben nicht aus. Gutzkow schlug ihm vor, für Sauerländer die deutsche Übersetzung von zwei Dramen Victor Hugos anzufertigen. Büchner, der sich für Hugos Werk zwar nicht recht begeistern konnte, erledigte diese Arbeit dennoch gewissenhaft in nur wenigen Wochen, was ihm schnelle finanzielle Erleichterung verschaffte. Daraufhin begann er im Mai 1835, ebenfalls in Abstimmung mit Gutzkow, mit einem eigenen Projekt, der Erzählung *Lenz*. Jacob Lenz war ein in Vergessenheit geratener Dichter des Sturm und Drang, dessen Geschichte Büchner neu erzählen wollte. Da Lenz ein Zeitgenosse Goethes war und die beiden sich persönlich gekannt hatten, beschäftigte sich Büchner bei seiner Recherche auch mit dem frühen Werk Goethes. Mittlerweile war sein Drama *Dantons Tod* veröffentlicht worden, allerdings nicht nur mit zahlreichen von ihm nicht genehmigten Änderungen, sondern auch unter seinem Namen, was Büchner ausdrücklich untersagt hatte. Insgesamt hielten sich die Reaktionen zu *Dantons Tod* in Grenzen.

Den Sommer über war Büchner in seine universitären Studien vertieft, wodurch er die Arbeit am *Lenz* etwas vernachlässigte. Im Oktober erhielt er eine sogenannte Sicherheitskarte, die ihm den dauerhaften Aufenthalt in Straßburg genehmigte. Von Gutzkow bekam er die Mitteilung, dass er die *Lenz*-Erzählung in der Zeitschrift *Deutsche Reue* veröffentlichen lassen wollte, was Büchner erneut zur intensiven schriftstellerischen Arbeit an diesem Text bewegte. Im November 1835 wurde schließlich offiziell bekanntgegeben, dass er zusammen mit anderen gefragten Autoren des Jungen Deutschland, wie beispielsweise Heinrich Heine, Ludwig Börne und Theodor Mundt, in der Zeitschrift publiziert werden würde. Büchner wusste zu dieser Zeit noch nicht von den Repressionen der Obrigkeit gegen die sozial- und religionskritische Jungdeutsche Bewegung, die unter anderem ein Verbot der *Deutschen Reue* vorsah. Ende November wurde Gutzkow verhaftet. Etwa eine Woche später wurde bei einer Bundesversammlung das endgültige Verbot des Jungen Deutschland entschieden, weshalb die *Deutsche Reue* nicht verlegt wurde. Büchner brach seine Arbeit am *Lenz* ab und widmete sich vorerst wieder seinen philosophischen beziehungsweise naturwissenschaftlichen Studien.

Zum Jahreswechsel 1835/36 verfasste er eine Abhandlung über das Nervensystem der Barbe, eines europäischen Süßwasserfischs, die er als Dissertation einreichen wollte. Seine Forschung

zur Beschreibung des Fischskeletts in Bezug auf die Schädel- und Rückenmarksnerven haben ihre wissenschaftliche Validität bis heute behalten. Büchner legte darüber hinaus besonderen Wert
auf die sich daraus ergebenden naturwissenschaftlich-philosophischen Aspekte, indem er vom
Nervensystem der Fische auf das höherer Entwicklungsstufen zu schließen versuchte. Er wollte damit die direkte Verbindung zwischen den Gehirn- und Rückenmarksnerven herausarbeiten.
Dieses Vorhaben beschäftigte ihn bis in die Sommermonate. Anfang Juli 1836 war er schließlich
mit der Druckversion fertig, die er an der Züricher Universität einreichte. Büchner hatte schon länger mit dem Gedanken an einen Umzug in die Schweiz gespielt, da allgemein bekannt war, dass
die gesetzliche Lage für politische Flüchtlinge dort weitaus vorteilhafter war als in Frankreich. Im
September erhielt er von der Züricher Universität den Doktortitel. Darüber hinaus stellte man ihm
eine Privatdozentur in Aussicht.

Nach der Beendigung seiner Dissertation beschäftigte Büchner sich ab Juni 1836 wieder mit eigenen literarischen Projekten, die später als die beiden Dramentexte *Woyzeck* und *Leonce und Lena*
veröffentlicht wurden. Ursprünglich hatte er das Manuskript zu *Leonce und Lena* für ein Preisaus-
schreiben des Cotta-Verlages angefertigt, schickte es aber erst zwei Tage nach der Abgabefrist
dorthin und erhielt den Brief daher ungeöffnet zurück. Obwohl ihn diese Zurückweisung sicherlich
zuerst enttäuschte, ergab sich dadurch die Möglichkeit, den Text erneut zu überarbeiten.

Im Oktober siedelte Büchner schließlich nach Zürich über und arbeitete von da an ohne Unter-
brechung an seinen Werken. Gleichzeitig verwirklichten sich seine Pläne in Bezug auf seine An-
stellung als Hochschuldozent der philosophischen Fakultät. Am 5. November hielt er eine Probe-
vorlesung zum Thema Schädelnerven, womit er den Grundstein für seine akademische Karriere
legte. Kurze Zeit später wurde er fest als Privatdozent angestellt und lehrte ab dem Winterse-
mester im Rahmen einer eigenen Vorlesung, die dreimal pro Woche stattfand. Diese Umstände
führten zur endgültigen Aussprache mit Ernst Büchner, der den ehrlichen Beruf seines Sohnes an
einer angesehenen Institution nun endlich anerkennen konnte. Büchner beschäftigte sich in dieser
arbeitsintensiven Zeit sowohl mit den Vorbereitungen seines Kurses als auch der Arbeit am *Woyzeck*. Für Ostern erwartete er den Besuch Wilhelmines, den er schon lange herbeisehnte. Doch
die Vorfreude wurde überschattet von einer fiebrigen Erkältung, die ihn im Frühjahr zu strenger
Bettruhe verdammte. Büchner litt unter starken Fieberträumen und innerer Unruhe. In den Briefen an die Verlobte schrieb er von einer schlimmen Langeweile, da ihn die Krankheit von seiner
gewohnten Arbeit abhielt.

Im Januar 1837 formulierte Büchner erste Todesgedanken. Seine psychische Verfassung war
schlecht, beherrscht von latenter Verzagtheit und Ermattung. Er hatte das Gefühl, mit seinen Kräf-
ten am Ende zu sein. Die Krankheit äußerte sich darüber hinaus durch körperliche Erschöpfung,
Fieber und Kopfschmerzen, welche im Laufe des Februars immer schlimmer wurde. Büchner war
mittlerweile so schwach, dass er die Briefe an Wilhelmine nicht einmal mehr selbst schreiben
konnte, was diese in Alarmbereitschaft versetzte. Mitte Februar reiste sie nach Zürich. Kurz darauf, am 15. Februar 1837, diagnostizierte sein Arzt ein typhöses Nervenfieber und vermutete,
dass Büchner innerhalb der nächsten 24 Stunden sterben würde. Im Winter 1836/37 hatte sich
eine Typhusepidemie in Zürich ausgebreitet. Man geht davon aus, dass Büchner sich beim Se-
zieren von Tierpräparaten für seine Vorlesung angesteckt haben könnte. Am frühen Nachmittag
des 19. Februar 1837 starb Georg Büchner im Alter von 23 Jahren schließlich am Typhusfieber
und wurde am 27. Februar in Zürich bestattet. Bei der Beerdigung waren mehrere hundert Personen zugegen, darunter die Familie und die Verlobte, enge Freunde, Kollegen und Studenten der
Universität.

1.2 Tabellarische Kurzübersicht: Leben und Werk

Diese Übersicht fasst noch einmal die wichtigsten Daten und Ereignisse zusammen.

Datum	Ereignis
17.10.1813	Geburt Karl Georg Büchners in Goddelau; Eltern: Ernst Karl Büchner (1786–1861) und Caroline Büchner, geb. Reuß (1791–1858)
1815	Wiener Kongress; kurz darauf endgültige Abdankung Napoleons
Herbst 1816	Übersiedlung der Familie Büchner nach Darmstadt
Herbst 1821	Einschulung ins private Karl-Weitershausen-Institut
März 1825	Übertritt auf das großherzogliche Pädagog Darmstadt; Jugendschriften der Gymnasialzeit: *Helden-Tod der vierhundert Pforzheimer* (1829/1830), *Über den Traum eines Arcadiers* (Fragment, ca. 1830), *Rede zur Verteidigung des Cato von Utica* (September 1830)
Juli 1830	Julirevolution in Frankreich
November 1831	Beginn des Medizinstudiums an der Straßburger Akademie; Bekanntschaft mit Johann Jakob und Wilhelmine Jaeglé
Winter 1831	Bekanntschaft mit Eugène Böckel; regelmäßiger Gast in den Diskussionsrunden der *„Eugenia"*; Gründung der „Gesellschaft für Menschenrechte"
Frühjahr 1832	heimliche Verlobung mit Wilhelmine Jaeglé
03.04.1833	Frankfurter Wachensturm; seitdem Untersuchungen und Hochverratsprozesse gegen mehr als 1.800 Personen
Oktober 1833	Wechsel an die großherzogliche Landesuniversität Gießen; Depression und Existenzkrise
Januar 1834	*Fatalismus-Brief* an Wilhelmine Jaeglé; kurz darauf Kontakt zur hessischen Oppositionsbewegung, unter anderem zu Ludwig Weidig
März 1834	Entwurf der Flugschrift *Der Hessische Landbote*; Änderungen an der Schrift durch Ludwig Weidig; Besuch Wilhelmine Jaeglés in Straßburg
April 1834	Gründung des Darmstädter Flügels der „Gesellschaft für Menschenrechte"
Juli 1834	Druck des *Hessischen Landboten* in Offenbach; Verhaftung von Karl Minnigerode
August 1834	Büchner warnt andere Mitverschworene und gerät selbst ins Visier der Ermittler

Datum	Ereignis
September 1834	Besuch der Verlobten bei den Eltern in Darmstadt, offizielle Bekanntmachung der Verlobung
November 1834	zweite Auflage des *Hessischen Landboten*
Januar 1835	Beginn mit der Arbeit an *Dantons Tod*; Vorladung vom Kriminalgericht in Offenbach und Friedberg
6.– 9.03.1835	Flucht nach Straßburg; Kurz darauf Verhaftungswelle in Hessen
07.04.1835	Vorabdruck von *Dantons Tod* in einer Literaturzeitschrift; Kurz darauf Übersetzung der Hugo-Dramen *Lucrèce Borgia* und *Marie Tudor*
Mai 1835	Beginn mit der Arbeit an der Erzählung *Lenz*
Juni 1835	Büchner wird per Steckbrief gesucht
11.07.1835	*Dantons Tod* erscheint als Buch
Winter 1835	Arbeit an *Über das Nervensystem der Barbe (Sur le système nerveaux du barbeau)*
Juni 1836	Arbeit an *Leonce und Lena* für das Preisausschreiben des Cotta-Verlags
September 1836	Arbeit an *Woyzeck*; Einreichung von *Sur le système nerveaux du barbeau* als Dissertation an der Philosophischen Fakultät der Züricher Universität
Oktober 1836	Umzug nach Zürich; weiterhin Arbeit an *Leonce und Lena* sowie *Woyzeck*
November 1836	Probevorlesung *Über Schädelnerven*, daraufhin Ernennung zum Privatdozenten und Beginn der eigenen Vorlesung
Mitte Januar 1837	Unterbrechung der Tätigkeit an der Universität aufgrund einer schlimmen Erkältung; Bettruhe
15.02.1837	Typhusdiagnose
17.02.1837	Wilhelmine Jaeglé trifft in Zürich ein
19.02.1837	Tod im Alter von 23 Jahren
21.02.1837	Beerdigung in Zürich

TAB. 1.1: ÜBERSICHT - BÜCHNERS LEBEN UND WERK

1.3 Rezeptionsgeschichte

1.3.1 Das literarische Werk Georg Büchners

Georg Büchner hat zwar nur ein schmales Werk hinterlassen, gehört aber zu den wichtigsten und einflussreichsten Autoren des Deutschen Vormärz. Charakteristisch für seine Texte ist der Bruch mit der Romantik. Anstatt sich in eine utopische Scheinwelt zu flüchten, will Büchner mit seinem literarischen Werk eine dringende Botschaft vermitteln: die aristokratische Staatsordnung muss unbedingt abgeschafft werden, weil sie die soziale Ungleichheit begünstigt. Dabei drängt er lautstark auf eine sofortige Lösung und fordert zu diesem Zweck radikale Methoden. In seiner Flugschrift *Der Hessische Landbote* ruft er mit dem berühmten Satz *„Friede den Hütten, Krieg den Pallästen!"*[15] zur Revolution gegen die bestehenden Herrschaftsverhältnisse auf.

Nicht nur im *Woyzeck* verarbeitet Büchner seine schonungslose Gesellschaftskritik, die der Schriftsteller und Büchner-Kenner Jochen Schmidt einmal trefflich als *„Fundamentalrealismus"*[16] bezeichnet hat. Am Beispiel des jakobinischen Regimes zur Zeit der Französischen Revolution zeigt Büchner in seinem Drama *Dantons Tod* die sozialen Missstände auf, die eine Despotie nach sich zieht. Im *Lenz* lässt er seinen Protagonisten am ständigen Konflikt zwischen *„Sein-Wollen und Sein-Können"*[17] scheitern, womit er das vermeintlich richtungsweisende Programm des romantischen Idealismus als defizitär entlarvt. Auch im Lustspiel *Leonce und Lena* kritisiert er das Abhängigkeitsverhältnis zwischen Unterschicht und Oberschicht, als er in der Dekadenz und Langeweile des Adels den Grund für die Repression der Arbeiterschicht erkennt. Ferner prangert er die rückständige territorialstaatliche Verwaltung des Deutschen Bundes an.

Zum einen lässt sich die Ablehnung der aristokratischen Staatsform deutlich aus Büchners Werk herauslesen, denn sie ist für ihn ein antiquiertes Modell. Satirisch macht er sich in seinen Texten immer wieder über den bürgerlich-idealistischen Regelkanon lustig, indem er das konventionelle Wertesystem als Kontingent leerer Begriffshülsen enttarnt. Denn hinsichtlich der Definition von Werten, wie beispielsweise Vernunft, Tugend oder Bildung, hat sich ein gefährliches Selbstverständnis etabliert, aufgrund dessen das Konzept und die Bedeutung dieser Begriffe schon längst nicht mehr hinterfragt werden.

Zum anderen ist die Frage nach den sozialen Ursachen von Verbrechen und Gewalt in Büchners Texten allgegenwärtig. Ein wiederkehrendes Motiv ist dabei die Determiniertheit des menschlichen Schicksals aufgrund der äußeren Umstände. Anders als es die aristotelische Dramenkonvention vorgibt, will Büchner sich eben nicht auf die Abbildung dessen beschränken, *„was geschehen könnte"*[18]. Die Aufgabe eines Dramatikers ist für ihn vielmehr die des Geschichtsschreibers, der dem Leser das Geschehen durch eine möglichst realistische Darstellung so vor Augen führen muss, dass er *„das literarisch geformte Leben, das Maskenspiel, als wirkliches begreifen"*[19] kann. Zu diesem Zweck stellt er zumeist einen innerlich zerrissenen beziehungsweise psychisch kranken Protagonisten ins Zentrum der Handlung und legt dabei besonders viel Wert darauf, seine Figuren als lebensechte Charaktere zu präsentieren.

---

[15]A. Martin: *Georg Büchner*, Stuttgart 2007, S. 130
[16]J. Schmidt: *Die nachromantische Künstler-Novelle: Ablösung des Genie-Gedankens.* Büchners ‚Lenz', Darmstadt 1985, S. 49
[17]ebd
[18]Aristoteles: *Poetik*, Stuttgart 1982, S. 29
[19]A. Martin: *Georg Büchner*, Stuttgart 2007, S. 136f

In einem Brief an die Eltern vom Juli 1835 schreibt er:

> *„[D]er dramatische Dichter ist in meinen Augen nichts, als ein Geschichtsschreiber, steht aber über Letzterem dadurch, daß er uns die Geschichte zum zweiten Mal erschafft und uns gleich unmittelbar, statt eine trockne Erzählung zu geben, in das Leben einer Zeit hinein versetzt, uns statt Characteristiken Charactere, uns statt Beschreibungen Gestalten giebt.“*

– A. Martin: *Georg Büchner*, Stuttgart 2007, S. 136

Biografische Bezüge zu Woyzeck

In jedem Fall findet sich diese programmatische Kunstauffassung Büchners vielfach im *Woyzeck* wieder. Doch das Drama ist ihm darüber hinaus ein ganz persönliches Anliegen, denn er will sich bezüglich der mangelnden Auseinandersetzung mit der menschlichen Psyche im zeitgenössischen Justizsystem positionieren. Über seinen Vater, der damals die Medizinzeitschrift *Henkes Zeitschrift für Staatsarzneikunde* abonniert hatte, wurde Büchner auf den umstrittenen Fall des Johann Christian Woyzeck (1780–1824) aufmerksam. Der Friseur und Gelegenheitsarbeiter hatte am 2. Juli 1821 in Leipzig seine Geliebte ermordet und wurde drei Jahre später für dieses Verbrechen hingerichtet. Die Diskussion um die Zurechnungsfähigkeit des Täters fand zu dieser Zeit viel Beachtung und weckte Büchners Interesse nachhaltig. Eine zentrale Rolle spielte dabei der Medizinalrat Johann Christian August von Clarus, der den *„sozial verwahrlosten und unter massiven Zwangsvorstellungen leidenden“*[20] J. C. Woyzeck in einem gerichtspsychiatrischen Gutachten für voll zurechnungsfähig erklärt hatte (vgl. hierzu auch Kap. 2, *Johann Christian Woyzeck*, S. 31). Gewiss bildete Büchners medizinische Ausbildung die optimale Grundlage für eine fundierte Auseinandersetzung mit diesem Thema, gerade weil er sich bei seinen Studien immer für die naturwissenschaftlich-philosophischen Inhalte interessiert hatte. Im *Woyzeck* verarbeitete er verschiedene Elemente des Clarus-Gutachtens und hielt sich dabei an vielen Stellen erstaunlich eng an die Fakten. Der durch die verschiedenen Handschriften dokumentierte Schreibprozess zeugt von der außerordentlichen Genauigkeit, mit der Büchner sich zu Beginn dem Sachverhalt näherte.

Weiterhin arbeitete Büchner in seinen *Woyzeck* auch seine kritische Haltung zu medizinischen Menschenversuchen ein, die zu seiner Zeit eine gängige Forschungsmethode waren. Während des Studiums in Gießen hatte er mehrere solcher Experimente gesehen. Unter anderem ließ der Professor Johann Bernhard Wilbrand in einer seiner Anatomievorlesungen *„den eigenen Sohn mit den Ohren wackeln“*[21], um zu demonstrieren, dass Menschen im Gegensatz zu Affen ihre Ohrmuscheln nicht kontrolliert bewegen können. Möglicherweise hörte Büchner auch die Vorlesungen des Chemikers Justus Liebig, der Ernährungsexperimente an und mit Menschen durchführte. Liebig wollte testen, ob man Fleisch durch Hülsenfrüchte ersetzen kann, um eine günstigere Ernährungsform speziell für die Arbeiterschicht zu entwickeln. Dafür untersuchte er regelmäßig den Urin seiner Probanden, die durch die einseitige Ernährung schnell an starken Vergiftungserscheinungen und geistiger Verwirrung litten.

---

[20] ebd, S. 191
[21] A. Martin: *Georg Büchner*, Stuttgart 2007, S. 62

1.3.2 Die Woyzeck-Rezeption

Als Georg Büchners bekanntestes Drama ist der *Woyzeck* heute ein wesentlicher Bestandteil des deutschen Literaturkanon. Die *Woyzeck*-Rezeption hängt unmittelbar mit der fragmentarischen Überlieferung des Dramentextes zusammen, der lediglich in vier verschiedenen handschriftlichen Entwurfsstufen erhalten geblieben ist. Erst 38 Jahre nach Büchners Tod wurde das *Woyzeck*-Fragment vom österreichischen Schriftsteller Karl Emil Franzos veröffentlicht, der damit den Grundstein für die Werkrezeption legte. Seither ist der Text in der Büchner-Forschung viel diskutiert geblieben und immer wieder überarbeitet worden, weil insbesondere die Frage nach der vom Autor vorgesehenen Szenenfolge nicht beantwortet werden kann (vgl. hierzu auch Kap. 3.1).

Unstrittig ist hingegen, dass Büchner in seinem *Woyzeck* verschiedene sozial- und gesellschaftskritische Konflikte verarbeitet hat, die bis heute erstaunlich wenig an Aktualität und Relevanz eingebüßt haben. Vermutlich ist die Sprengkraft des *Woyzeck*-Dramas auf eben dieses schonungslose Anprangern der sozialen Missstände zurückzuführen, durch das Büchners Werk charakteristisch und universell zugleich wirkt. Seit Hugo von Hofmannsthal sich im Jahr 1813 maßgeblich an der Uraufführung des *Woyzeck* beteiligt hatte, erfreute sich das Theaterstück großer Beliebtheit. Insbesondere die bohrende Frage nach der Abhängigkeit des Menschen von seinen äußeren Umständen machte es in den 1920er Jahren zu einem regelrechten Publikumserfolg. Zu Zeiten der Weimarer Republik entstanden über 50 verschiedene Inszenierungen, unter anderem weil sich aufgrund der fragmentarischen Überlieferung in Bezug auf die Regie vielfältige Möglichkeiten ergaben. In dieser Glanzzeit des Dramas wurden hinsichtlich der Inszenierungen vier verschiedene Regiekonzepte unterschieden: der *Woyzeck* als Eifersuchtsdrama, der *Woyzeck* als Lehrstück für das menschliche Leid, der *Woyzeck* als Sozialdrama und der *Woyzeck* als Paradebeispiel für einen Menschen, der desillusioniert an der Wirklichkeit zerbricht. Ab 1930 ging die Popularität des Stücks wieder zurück, da die Weltwirtschaftskrise im Allgemeinen einen Rückgang des Kulturbetriebs zur Folge hatte. Erst nach Ende des Nationalsozialismus bekam der *Woyzeck* durch eine Großzahl an Neu-Inszenierungen wieder verstärkt Aufmerksamkeit und ist seither auf deutschen Theaterbühnen präsent. Heute existieren über 400 verschiedene Varianten des Stücks.

> **Mögliche Prüfungsfrage**
> Stellen Sie kurz die vier unterschiedlichen Deutungsaspekte des Dramas vor dem Hintergrund seiner Rezeptionsgeschichte dar. Belegen Sie im Anschluss einen der Deutungsansätze anhand des Dramentextes.

Speziell auf die Literaturströmung des Naturalismus (etwa 1880–1915) hatte der *Woyzeck* aufgrund seiner realistischen Darstellungsform eine starke Wirkung, unter anderem wurden bekannte Autoren wie Gerhart Hauptmann oder Frank Wedekind von Büchners Werk beeinflusst. Wedekind adaptiert in seiner Kindertragödie Das *Frühlingserwachen* die sprechenden Namen, die Büchner in Szene 9 des *Woyzeck*-Dramas schon verwendet, als Doktor und Hauptmann sich gegenseitig als *„Sargnagel"* und *„Exercirzagel"* (Ref., S. 24) bezeichnen. Im *Frühlingserwachen* nennt Wedekind die Lehrer-Figuren beispielsweise *„Knüppeldick"* oder *„Hungergurt"* und bezieht sich damit unmittelbar auf den *Woyzeck*. Auch der berühmte Großstadtroman *Berlin Alexanderplatz* von Alfred Döblin, der zu einem repräsentativen Werk für die Neue Sachlichkeit geworden ist, bezieht sich stellenweise auf Büchners Sozialdrama. Der Protagonist Franz Biberkopf hat zum einen denselben Vornamen wie Franz Woyzeck, zum anderen zerbricht auch er am Existenzkampf in der entzauberten Realität einer deutschen Großstadt.

Adaptionen in Musik und Film

Im Jahr 1925 wurde die Oper *Wozzeck* vom österreichischen Komponisten Alban Berg uraufgeführt, die sich an Karl Emil Franzos' Fassung des *Woyzeck*-Dramas orientiert. Berg vertont die Handlung mittels Atonalität und Zwölftontechnik und stellt so die innere Zerrissenheit des Protagonisten musikalisch dar. Diese avantgardistisch-expressionistische Adaption des Sozialdramas wurde sehr schnell international erfolgreich und wird bis heute überall auf der Welt gespielt.

Weil die nur fragmentarische Überlieferung maximale Gestaltungsfreiheit erlaubt, eignet sich der *Woyzeck* auch hervorragend für eine filmische Inszenierung. Als erster Regisseur wagte sich der Österreicher Georg Klaren an eine Verfilmung des Dramas, die auf Franzos' Lese- und Bühnenfassung basiert und daher noch unter dem Titel *Wozzeck* erschien. Er fügte eine Rahmenhandlung hinzu, in der eine Gruppe von Studenten im Anatomiesaal einer Universität Woyzecks Leichnam untersucht. In mehreren Rückblenden wird die eigentliche Handlung des Dramas erzählt. Klaren hatte die Idee für den Film zwar bereits 1930 entwickelt, jedoch fand die Premiere erst nach dem Zweiten Weltkrieg im Jahr 1958 statt. Der *Wozzeck* ist noch heute ein wichtiges Beispiel für den expressionistischen Film.

Ab 1979 folgte eine Reihe von Neuverfilmungen, von denen Werner Herzogs *Woyzeck* wohl die bekannteste ist, unter anderem weil Herzog sich eng an die Handlung des Dramas hält. Als aktuelle Verfilmung ist hier unbedingt auch die von Nuran David Calis aus dem Jahr 2013 zu nennen. Darin lebt Woyzeck in einer kleinen Wohnung in Berlin Wedding und versucht erfolglos, sein Geld mit der Eröffnung eines Schnitzelrestaurants zu verdienen. Denn in seinem Stadtteil leben viele muslimische Menschen, die kein Schweinefleisch essen. Um trotzdem seine Freundin und sein Kind versorgen zu können, muss er mit einer Reihe von Gelegenheitsarbeiten überbrücken, wie beispielsweise der Teilnahme an einer Ernährungsstudie für ein Pharma-Unternehmen. Mit dieser Verfilmung stellt Calis das *Woyzeck*-Drama in einen zeitgenössischen Kontext.

2 Zeitgeschichtlicher Hintergrund

2.1 Politische Geschichte

Die Franzosenzeit (1792–1815)

Die sogenannte Franzosenzeit bezeichnet die historische Epoche nach der Französischen Revolution, in der die europäischen Großmächte in verschiedenen bewaffneten Konflikten mit Frankreich um die politische Vorherrschaft kämpften. Grund für die wiederholten Militäroffensiven gegen Napoleon waren zum einen der Konflikt um die territoriale Aufteilung des Kontinents, zum anderen die Ablehnung der Aufklärung. Denn seit der Französischen Revolution verbreitete sich der liberale Wertekanon unaufhaltsam in ganz Europa und kündigte die Abschaffung des feudal-absolutistischen Ständewesens an. Als Reaktion auf die jüngsten politischen Entwicklungen strebten zahlreiche Länder Europas die Restauration der früheren politischen Verhältnisse an, also die Wiederherstellung der Monarchie.

In insgesamt sechs solcher Koalitionskriege schlossen die europäischen Großmächte zu diesem Zweck zwischen 1792 und 1814 wiederholt verschiedene Bündnisse. Dabei waren Österreich, Preußen und Großbritannien die wichtigsten Koalitionspartner, darüber hinaus beteiligten sich auch Russland, die Vereinigten Niederlande, Italien, Spanien, Portugal, das Osmanische Reich und der Kirchenstaat. Ab 1795 versuchte Frankreich immer wieder, die Opponenten durch offensive Militärmanöver und darauf folgende Friedensverträge am Krieg zu hindern. Eine wichtige Rolle spielten dabei Napoleons Italienfeldzug 1796/97 und Ägyptenfeldzug 1798, durch die sich Frankreich innerhalb Europas langfristig wieder in eine militärische Vormachtstellung bringen konnte. Im November 1799 ergriff Napoleon durch einen Staatsstreich die Position des Ersten Konsuls und war damit der wichtigste politische Machthaber in Frankreich.

Am 2. Dezember 1804 ließ Napoleon sich in der Kirche Notre-Dame de Paris zum Kaiser der Franzosen krönen. Darauf folgten seit dem Jahr 1805 drei weitere Koalitionskriege, die gemeinhin auch als die Napoleonischen Kriege bezeichnet werden. 1805 konnte Großbritannien sich in der Schlacht von Trafalgar langfristig die europäische Seeherrschaft sichern und blieb bis Ende der Koalitionskriege der wichtigste Gegner Frankreichs. Während des Vierten Koalitionskrieges trug Napoleon maßgeblich zur Gründung des Deutschen Rheinbunds bei, demgemäß 16 deutsche Staaten einen Konföderationsvertrag mit Frankreich eingingen und im Zuge dessen, aus dem Heiligen Römischen Reich (Deutscher Nation) austraten. Das hatte kurz darauf im Jahr 1806 die endgültige Auflösung des Heiligen Römischen Reichs zur Folge.

Im Rahmen des Fünften Koalitionskrieges ab 1809 spielte Napoleons Feldzug nach Portugal und der daraus folgende Krieg auf der iberischen Halbinsel eine wichtige Rolle. Der Volksaufstand

Spaniens gegen die französische Besatzungsmacht läutete in Europa eine neue Ära revolutionärer Unruhen ein. Nach dem Vorbild des spanischen Befreiungskriegs wollten nun auch zahlreiche andere Staaten in Europa die Unabhängigkeit von Napoleons Herrschaftsgewalt erreichen.
Aus diesem Grund eröffnete auch Österreich erneut den Krieg gegen Frankreich, der hauptsäch-
lich auf deutschem Boden ausgetragen wurde. Nach zahlreichen Schlachten konnte Napoleon
den Krieg allerdings für sich entscheiden und zwang Österreich bereits im Herbst 1809 zu einem
Friedensvertrag. Einzig die britische Armee auf der iberischen Halbinsel konnte der französischen
Besatzungsmacht weiterhin standhalten.

Der Russlandfeldzug und die endgültige Niederlage Napoleons

Nach dem Fünften Koalitionskrieg herrschte Napoleon über den Großteil Preußens, Österreichs,
Bayerns und des Rheinbundes. Am 12. Juni 1812 marschierten die kaiserlich-französischen Truppen in Russland ein, wobei das Heer überwiegend aus Soldaten der besetzten Gebiete bestand.
In der Schlacht bei Bordino im September des Jahres, die als eine der blutigsten Schlachten des
19. Jahrhunderts gilt, wurde die Zahl der Soldaten sowohl auf französischer als auch auf russi-
scher Seite erheblich dezimiert. Dennoch brachten die Kämpfe keine Entscheidung, selbst nach
Napoleons Eroberung Moskaus eine Woche später verweigerte der russische Machthaber Alexander I. einen Friedensschluss. Im Oktober 1812 zogen sich die französischen Truppen zurück,
unter anderem weil das Heer bis dahin bereits 250.000 Tote zu verzeichnen hatte. Mit nur noch
10.000 Mann musste Napoleon im Dezember schließlich vollständig kapitulieren und ließ seine
Armee abziehen.

Napoleons Niederlage in Russland führte unmittelbar zu den sogenannten Europäischen Befrei-
ungskriegen. Während der Koalitionskriege hatte sich zunehmend eine radikale, antifranzösische
Grundstimmung in den von Napoleon besetzten Gebieten Europas breit gemacht. Daher kämpften
die europäischen Großmächte ab 1813 in einem weiteren Bündnis gegen den Deutschen Rhein-
bund. Der Konflikt gipfelte schließlich in der Völkerschlacht bei Leipzig im Oktober 1813, die die
alliierten preußischen, russischen, österreichischen, norddeutschen und schwedischen Truppen
erfolgreich für sich entscheiden konnten. Das hatte augenblicklich den Zerfall des Deutschen
Rheinbundes und Napoleons vollständigen Rückzug nach Frankreich zur Folge. Im März 1814
nahmen die Alliierten Paris ein. Daraufhin verlor Napoleon jede Unterstützung des französischen
Militärs sowie der Politik. Anfang April forderte der französische Senat die Absetzung Napoleons als französischen Kaiser. Im Mai 1814 wurde der Krieg zwischen Frankreich und den alliierten
europäischen Großmächten im Rahmen des Ersten Pariser Friedens endgültig beigelegt. Von diesem Zeitpunkt an stand Frankreich wieder unter der restaurierten Herrschaft des Bourbonenkönigs
Ludwig XVIII.

Der Wiener Kongress

Der Wiener Kongress fand vom 18. September 1814 bis zum 9. Juni 1815 statt. Unter der Lei-
tung des österreichischen Außenministers Fürst von Metternich verhandelten Delegierte aus mehr
als 200 europäischen Staaten und Bezirken nach der Auflösung des napoleonischen Staatensy-
stems die territoriale Neuaufteilung des Kontinents. Die wichtigsten Verhandlungspartner waren
dabei diejenigen Staaten, die zuvor auch eine zentrale Rolle in den Koalitionskriegen gegen Frankreich gespielt hatten. Zwecks dieser territorialen Neuordnung wurde jeweils der Territorialwert der
einzelnen Gebiete durch eine Statistische Kommission ermittelt, um neue Grenzen ziehen zu können. Nach Ende der Verhandlungen ergab sich für das deutsche Staatsgebiet die Aufteilung in

die Königreiche Preußen, Bayern, Sachsen und Württemberg sowie die Großherzogtümer Baden, Hessen und Nassau.

Wenige Tage nach Ende des Kongresses, am 18. Juni 1815, griff Napoleon mit einer nur sehr kleinen Armee noch einmal den in Belgien stationierten Teil der britischen Armee an. In dieser berühmten Schlacht von Waterloo wurde er innerhalb kürzester Zeit vernichtend geschlagen, unter anderem weil die Briten rechtzeitig Unterstützung von den preußischen Truppen erhielten. Daraufhin dankte er am 22. Juni 1815 aus eigener Initiative endgültig ab und wurde durch einen Beschluss der alliierten Großmächte auf die britische Insel St. Helena verbannt.

Der Deutsche Bund

Im Zuge des Wiener Kongresses entstand 1815 der Deutsche Bund. Als ein Staatenbund mit bundesstaatlichen Zügen verband er die deutschen Gliedstaaten miteinander. Weil Deutschland im Rahmen der Koalitionskriege immer wieder in die militärischen Auseinandersetzungen der alliierten Großmächte mit Frankreich involviert war, hatten sich im deutschen Staatsgebiet sehr schnell eine Reihe von territorialen Veränderungen ergeben. Zuvor hatte sich das Land seit dem 14. Jahrhundert in mehr als 300 kleine Territorialstaaten aufgespalten. Zur Zeit des Deutschen Bundes war die Anzahl der Einzelstaaten im deutschen Gebiet nach den territorialen Neuaufteilungen des Wiener Kongresses bis zuletzt auf wenige Dutzend verringert worden. Weil der Deutsche Bund aber keine Staatsgewalt innehatte, sondern vorrangig für die außenpolitische Sicherheit zuständig war, blieben diese Gliedstaaten in ihrer Souveränität weiterhin uneingeschränkt. Ein wichtiges gemeinsames Ziel war, Frankreich an einer erneuten Besetzung des deutschen Staatsgebietes zu hindern.

Auf der Verwaltungsebene hatte der Staatenbund mit diversen Schwierigkeiten zu kämpfen, was vor allem auch auf den verfassungsgemäßen Unterschied zwischen den konstitutionellen und absoluten Monarchien der einzelnen Gliedstaaten zurückzuführen war. Gleichzeitig wurde sowohl die liberale als auch die demokratisch-radikale Bewegung innerhalb Deutschlands als Bedrohung der öffentlichen Ordnung angesehen. Ein zentrales Ereignis war das Wartburgfest 1817, zu dem sich zahlreiche radikale Studentenverbindungen anlässlich des vierten Jubiläums der Völkerschlacht bei Leipzig auf der thüringischen Wartburg zusammenfanden. An der Protestkundgebung nahmen mehr als 500 Studenten und Professoren teil. Sie sangen *„Ehre, Freiheit, Vaterland"*, forderten den Nationalstaat sowie eine deutsche Verfassung und verbrannten die Werke konservativer Autoren. Im Jahr 1819 kam es weiterhin zu den sogenannten Hep-Hep-Unruhen, im Rahmen derer gewalttätige, antisemitisch begründete Ausschreitungen gegen Juden in mehreren deutschen Großstädten stattfanden. Bislang hatte der Deutsche Bund versucht, auch die innenpolitischen Unruhen mittels verstärkter Polizeipräsenz gewaltsam zu unterbinden. Kurz darauf wurden 1819 im Zuge der Karlsbader Beschlüsse durch den Erlass verschiedener Bundesgesetze zahlreiche Repressionsmaßnahmen beschlossen. Diese beinhalteten unter anderem das Verbot der Studentenverbindungen, die massive Einschränkung der Pressefreiheit und das sogenannte Universitätsgesetz. Nach letzterem konnten politisch verdächtige Professoren jederzeit entlassen werden. Die Phase der zunehmenden politischen Unterdrückung zwischen 1830 und 1848 wird als der Deutsche Vormärz bezeichnet.

2.2 Der Deutsche Vormärz

Politische Situation

Vormärz

Die Epoche des Vormärz bezeichnet die überwiegend politische und literarisch-künstlerische Strömung in Deutschland zwischen der Julirevolution 1830 und der Märzrevolution 1848/49. Der Begriff Vormärz stammt von vormärzlich, seinerzeit verwendet für die Beschreibung prärevolutionärer oder allgemein veralteter Zustände. Neben der territorialen Neuordnung war ein weiteres zentrales Ziel des Wiener Kongresses die Wiederherstellung der vor der Französischen Revolution bestehenden Verhältnisse. Die Wiedereinsetzung der Adelsdynastien sollte die jüngst erkämpften politischen und gesellschaftlichen Veränderungen zwar nicht vollständig aufheben, ihnen aber zumindest entgegensteuern, um den zunehmenden Einfluss des Bürgertums abzuschwächen.

In Frankreich war durch die Julirevolution 1830 inzwischen die Vertreibung des reaktionären Königs Karl X. erreicht worden, was die politische Einflussnahme des Adels kurzfristig stark abschwächte. Dieser Erfolg bestärkte augenblicklich die anti-reaktionären Initiativen der anderen europäischen Länder. In Deutschland war bereits Ende der 1820er Jahre die Idee der Machtergreifung des Bürgertums wiederaufgelebt. Nach der französischen Julirevolution spaltete sich die revolutionäre Bewegung Deutschlands grundsätzlich in zwei Lager. Auf der einen Seite forderte das liberale Bürgertum die Einführung eines Parlaments, dessen Abgeordnete durch ein eingeschränktes Wahlrecht der Reichen bestimmt werden. Auf der anderen Seite verlangte die demokratisch-radikale Volksbewegung nach dem Vorbild der Französischen Revolution vehement die politische Gleichheit aller Staatsbürger, also ein allgemeines Wahlrecht. Obwohl beide Strömungen aufgrund der Divergenz ihrer politischen Ziele immer wieder in Konflikt gerieten, einte sie bis zuletzt die Forderung nach territorialer Einheit und verfassungsgemäßer Freiheit. Die bestehende Regierung, der Adel und die Kirche wurden entschieden abgelehnt.

1840 führte die sogenannte Rheinkrise erneut zu einem politischen Konflikt zwischen Deutschland und Frankreich. Frankreich forderte die Rheingrenze, wollte also den Rhein als natürliche Grenze zu Deutschland etablieren. Dieser Annektionsversuch Frankreichs entfachte eine nationalistische Welle in mehreren Staaten des Deutschen Bundes. Die Rheinkrise gilt aus diesem Grund als entscheidender Auslöser des deutschen Nationalismus, der sich seither zu einer Massenbewegung entwickelte. Speziell in der deutschen Presse war der eiserne Wille zur Abwehr der nationalen Gefahr stark präsent und äußerte sich in einer frankophoben Atmosphäre. Dadurch befeuerte die Krise die Erbfeindschaft zwischen Frankreich und Deutschland, die bereits während Napoleons Herrschaft über Deutschland entstanden war. Obwohl Frankreich zunächst Kriegshandlungen angedroht hatte, schwenkte der französische König Louis-Philippe zuletzt in eine versöhnliche Politik um. Schon ein Jahr später konnte man sich im Rahmen des sogenannten Meerengenvertrages einvernehmlich auf eine Grenzziehung einigen. Aufgrund der erstarkenden nationalistischen Bewegung in Deutschland gilt die Rheinkrise als Beginn der Vormärz-Epoche im engeren Sinne. Als unmittelbare Folge stieg die Anzahl der Mitglieder in politischen Organisationen bis zur Märzrevolution 1848/49 auf mehr als 250.000.

Die historische Epoche des Deutschen Vormärz endet 1848/49 mit der Märzrevolution im Deutschen Bund. Nach dem Vorbild der Februarrevolution 1848 in Frankreich, die das Ende der Herrschaft Louis-Philippes und die Ausrufung der Zweiten Französischen Republik herbeigeführt hatte, wollte die deutsche anti-reaktionäre Bewegung die lange verlangten Reformen endlich verwirklicht sehen. Im Rahmen gewaltsamer Aufstände wurden in zahlreichen deutschen Einzelstaaten innerhalb weniger Wochen liberale Regierungen ernannt. Diese sogenannten Märzkabinette erzwangen die Durchführung von Wahlen, die im Rahmen der sogenannten Frankfurter National-versammlung stattfanden. Die Nationalversammlung sollte als vorläufiges Parlament eines ge-einten Deutschen Reiches die Funktion der verfassungsgebenden Gewalt ausüben. Dabei wur-den in den sogenannten Märzerrungenschaften kurzfristig zahlreiche Forderungen umgesetzt, wie beispielsweise die Wiederherstellung der Pressefreiheit oder die endgültige Befreiung der Bau-ern von ihren Grundherren. In der darauffolgenden Reichsverfassungskampagne wollten mehrere demokratisch-radikale Volksvertreter die Anerkennung der Frankfurter Nationalversammlung als nationales und demokratisches Parlament durchsetzen. Dieses Vorhaben bewirkte im Mai 1849 die sogenannten Maiaufstände, die in bürgerkriegsähnlichen Kampfhandlungen zwischen der anti-reaktionären radikalen Bewegung und den Konterrevolutionären endeten. Die Aufstände wurden schließlich im Juli 1849 von der vereinten österreichischen und preußischen Armee gewaltsam niedergeschlagen.

Mit der gescheiterten Märzrevolution begann ab 1849 erneut eine Epoche der Reaktion. Es folg-te die Wiederherstellung des Deutschen Bundes, der die Reformen rückgängig machte und die Oppositionsbewegung fortan gewaltsam unterdrückte. Erst mehr als 20 Jahre später, mit der deut-schen Reichsgründung ab 1871, wurden viele Forderungen aus der Vormärz-Zeit endlich berück-sichtigt und in einer nationalen Verfassung niedergeschrieben. Dazu zählt unter anderem die Ein-führung des allgemeinen Wahlrechts.

Pauperismus

Zur Zeit des Vormärz bewirkten die Anfänge der industriellen Revolution allmählich den Nieder-gang der Agrargesellschaft, was in Deutschland einen wirtschaftlichen und sozialen Wandel nach sich zog. Seit 1750 hatte der medizinische Fortschritt langfristig zu einer Senkung der Sterberate und gleichzeitig zu einem Anstieg der Fertilitätsrate geführt. Zusätzlich konnten verbesserte land-wirtschaftliche Methoden sowie die Entdeckung der Kartoffel als Grundnahrungsmittel zum ersten Mal die Versorgung der Menschen bis in die ländlichen Gebiete gewährleisten. Diese Faktoren verursachten zu Beginn des 19. Jahrhunderts eine rapide Massenvermehrung der Bevölkerung, insbesondere der Unterschicht.

Weiterhin führte die industrielle Massenproduktion zu einem Rückgang des traditionellen Hand-werks und förderte gleichzeitig die Urbanisierung. Weil auch der Bedarf an Landarbeitern durch die Maschinenfertigung drastisch abgenommen hatte, flüchteten die Menschen aus Angst vor dauerhafter Arbeitslosigkeit vom Land in die Städte. Die Bauernbefreiung im Jahr 1811 hatte zu-vor großflächig zu einer hohen Verschuldung der ländlichen Bevölkerung geführt, weshalb viele Grundbesitzer ihr Land aufgeben mussten. Eine Großzahl der ehemaligen Bauern und Landar-beiter arbeiteten seither als Lohnarbeiter in Handwerk und Gewerbe. Der demografische Wandel und das daraus resultierende Übermaß an billigen Arbeitskräften führte in den Städten bald zu schlechten Arbeitsbedingungen und Löhnen sowie allgemein zu miserablen Lebensumständen. Die Zerstörung der bestehenden Wirtschaftsstruktur führte zu Beginn des 19. Jahrhunderts zu ei-nem katastrophalen Massenelend, das als Pauperismus bezeichnet wird. Der Begriff stammt aus dem Englischen und meint eine neue Form der strukturellen Verarmung großer Teile der Bevölke-rung.

> **Mögliche Prüfungsfrage**
> Stellen Sie anhand der beruflichen Situation des Protagonisten Franz Woyzeck dar, inwiefern Büchner das Phänomen des Pauperismus in das Drama einarbeitet.

Der Vormärz als literarische Strömung

In der deutschen Literatur äußerten sich die programmatischen Ziele der anti-reaktionären Bewegung vor allem durch eine verstärkte intellektuelle Einflussnahme. Insbesondere der Rationalismus Hegels, die emanzipatorische Individual- und Sozialethik Voltaires und Rousseaus sowie das religionskritische Prinzip der Vernunft nach Feuerbach hatten einen maßgeblichen Einfluss auf die Entstehung der neuen Epoche. Speziell die Presse, die stark an Bedeutung gewonnen und sich von einer berichterstattenden zu einer meinungsbildenden Größe entwickelt hatte, kombinierte politische mit künstlerischen Zielen und wurde zur idealen Plattform für die junge Schriftstellergeneration. Politische und sozialkritische Themen lösten romantische Topoi wie zum Beispiel Weltflucht und Vorliebe für das Traumhafte und Übersinnliche endgültig ab. Stattdessen legten die Vormärz-Autoren großen Wert auf eine realistische Darstellung der Umstände, um dadurch die Notwendigkeit einer Reform der Gesellschaftsverhältnisse umso mehr zu betonen. Speziell zur Zeit der Zensur ab 1830 wollten sie in ihren Texten verstärkt auf die politische und soziale Lage aufmerksam machen und setzten sich damit aktiv für die Meinungs- und Pressefreiheit ein.

Die wohl wichtigste Autorengruppe des Vormärz war das sogenannte Junge Deutschland, deren Vertreter verschiedene Formen von Prosa-Texten in einer Vielzahl von Zeitschriften veröffentlichten und eine engagierte, an der sozialen Realität orientierte Literatur forderten. Als Hauptvertreter der Strömung gelten unter anderem Heinrich Heine, Ludolf Wienbarg, Ludwig Börne und Theodor Mundt.

Georg Büchner als Autor des Vormärz

Georg Büchner ist bis heute einer der wichtigsten Autoren des Vormärz; von den Jungdeutschen Literaten grenzte er sich selbst allerdings klar ab. Mit *Woyzeck*, *Dantons Tod* und *Leonce und Lena* hat er speziell der Gattung des Dramas einen neuen Anstoß gegeben. Seine Kritik an den bestehenden Verhältnissen wird durch den radikalen Bruch mit der Romantik deutlich. Denn in seinem literarischen Werk veranschaulicht er die negativen Auswirkungen der politischen Unterdrückung auf die Gesellschaft mittels der schonungslos realistischen Darstellung des Geschehens. Dadurch kritisiert er das rückständige aristokratische System des Deutschen Bundes und die daraus resultierende Ausbeutung und Repression der Unterschicht (vgl. hierzu auch Kap. 1.3.1).

Diesbezüglich prägte Büchner zunächst die Zeit in Straßburg, das seit der Julirevolution 1830 zu einem wichtigen politischen Zentrum des Wiederstandes gegen die Obrigkeit geworden war. Die Revolution hatte die Vertreibung des reaktionären Königs Karl X. erreicht, weshalb von seinem Nachfolger, dem „Bürgerkönig" Louis-Phillipe, zunächst eine liberale Politik zugunsten des Bürgertums erwartet wurde. Als dieser jedoch kurz darauf Frankreichs Mitgliedschaft in der Heiligen Allianz erneuerte, wurde die Revolution schnell als mangelhaft und unfertig wahrgenommen. Als monarchisches Bündnis zwischen den europäischen Großmächten Preußen, Österreich, Russland und schließlich Frankreich hatte die Heilige Allianz offenkundig reaktionäre Bestrebungen. Büchner bewegte sich während seines Studiums in Straßburg in genau der postrevolutionären Latenzzeit, die ein breites politisches Diskussionsfeld um die Machbarkeit einer erneuten Revolution eröffnet hatte. Insbesondere die politische Propaganda der Straßburger Studentenbewegung spielte dabei eine zentrale Rolle.

Später hatte der Wechsel an die Universität Gießen im Winter 1833 ebenfalls einen maßgeblichen Einfluss auf Büchners oppositionelle Grundhaltung. Gießen war nämlich, ebenso wie andere Universitätsstädte, aufgrund einer großen Zahl an politisch aktiven Studenten ganz besonders in die prärevolutionären Unruhen in Deutschland verwickelt. Es ist bekannt, dass Büchner über einen Kommilitonen den Kontakt zu Ludwig Weidig herstellen konnte, damals der Anführer der hessischen Oppositionsbewegung. Kurz darauf war er maßgeblich an der Produktion eines revolutionären Flugblattes beteiligt, dass später als der *Hessische Landbote* bekannt wurde. Der berühmte Satz *„Friede den Hütten, Krieg den Pallästen!"*[1] ist sein Aufruf zur Revolution gegen die bestehenden Herrschaftsverhältnisse.

2.3 Tabellarische Kurzübersicht

Datum	Ereignis
1792–1797	Erster Koalitionskrieg
1796/97	Napoleons Italienfeldzug
1798	Napoleons Ägyptenfeldzug
1799	Napoleon wird Erster Französischer Konsul
1799–1802	Zweiter Koalitionskrieg
1804	Kaiserkrönung Napoleons in der Kirche Notre-Dame de Paris
1805	Dritter Koalitionskrieg
1806–1807	Vierter Koalitionskrieg
Juli 1806	Gründung des Deutschen Rheinbunds durch Napoleon; kurz darauf Zerfall des Heiligen Römischen Reiches (Deutscher Nation)
ab 1807	Krieg auf der iberischen Halbinsel
1808	Volksaufstand Spaniens gegen die französische Besatzung; Befreiungskriege
1809	Fünfter Koalitionskrieg
Juni–Oktober 1812	Napoleons Russlandfeldzug (Sechster Koalitionskrieg)
ab 1813	Europäische Befreiungskriege
Oktober 1813	Völkerschlacht bei Leipzig; daraus folgend Zerfall des Deutschen Rheinbundes
März 1814	Besetzung Paris' durch die Alliierten; im Mai Kriegsende durch den Ersten Pariser Frieden zwischen Frankreich und den europäischen Großmächten
September 1814 bis Juni 1815	Wiener Kongress; Gründung des Deutschen Bundes

---

[1] A. Martin: *Georg Büchner*, Stuttgart 2007, S. 130

Datum	Ereignis
18.–22.06.1815	Schlacht bei Waterloo; endgültige Niederlage Napoleons, kurz darauf Verbannung nach St. Helena
1817	Wartburgfest
1819	Hep-Hep Unruhen
August 1819	Karlsbader Beschlüsse
1830	Julirevolution in Frankreich; Vertreibung Karl X
1840	Rheinkrise; kurz darauf Meerengenvertrag
1848/49	Märzrevolution im Deutschen Bund; Einberufung der Frankfurter Nationalversammlung
Mai 1849	Reichsverfassungskampagne und Maiaufstände
Juli 1849	Beendigung der Aufstände durch preußische und österreichische Truppen; darauf folgend Epoche der Reaktion
ab 1871	Deutsche Reichsgründung

TAB. 2.1: ÜBERSICHT - BÜCHNERS LEBEN UND WERK

2.4 Entstehungsgeschichte des Dramas

Bei der Idee für seinen *Woyzeck* hat Büchner auf vier Mordprozesse zurückgegriffen, die damals Gegenstand der öffentlichen Diskussion waren. Als wichtigste Inspirationsquelle gilt dabei der Fall des Johann Christian Woyzeck, der im Jahr 1821 aus Eifersucht seine Geliebte erstach. Darüber hinaus hat Büchner vermutlich auch die Mordfälle Daniel Schmollings (1817), Johann Dieß' (1831) und zuletzt Johann Philipp Schneiders (1816) für die Konzeption der Handlung verwendet. Mit dem Drama wollte er zu der Debatte um die mangelnde Berücksichtigung der menschlichen Psyche im zeitgenössischen Justizsystem Stellung beziehen und auf die soziale Determiniertheit des Menschen aufmerksam machen. Aus diesem Grund übernahm er zahlreiche Fakten aus den jeweiligen Prozessakten. Auffällig ist dabei, dass jeder der Täter gewisse Parallelen zum fiktiven Woyzeck aufweist: sie gehörten zur bildungsfernen Schicht, hatten Handwerksberufe gelernt oder waren als Soldaten tätig, lebten am Existenzminimum und teilweise in sozialer Verwahrlosung und hatten eine Beziehung zu einer untreuen Frau. Die Frage nach der Zurechnungsfähigkeit spielte in jedem der Mordprozesse eine entscheidende Rolle.

Johann Christian Woyzeck

Johann Christian Woyzeck wurde 1780 als Sohn eines Perückenmachers in Leipzig geboren. Im Alter von 16 Jahren schloss auch er die Lehre zum Frisör und Perückenmacher erfolgreich ab. Einige Jahre später diente er als Soldat während der Kriege gegen Napoleon und war an unterschiedlichen Orten stationiert. Im Jahr 1810 bekam seine damalige Geliebte ein Kind von ihm, traf sich allerdings weiterhin mit anderen Liebhabern. Diese Umstände führten bei J. C. Woyzeck zu großer Eifersucht, die schweren Alkoholmissbrauch und erste Anzeichen von Depression nach sich zog. In dieser Zeit beging er zahlreiche Straftaten und wurde deshalb wenig später aus dem Militärdienst entlassen. 1818 verließ er schließlich die Geliebte und das gemeinsame Kind, um nach Leipzig zurückzukehren. Dort fand er keine Arbeit und war für längere Zeit obdachlos.

Kurz nach seiner Ankunft in Leipzig begann J. C. Woyzeck ein neues Verhältnis zu Johanna Christina Woost, der Stieftochter seines ehemaligen Ausbilders. Aufgrund der nur unverbindlichen Beziehung traf Woost sich - ebenso wie die frühere Geliebte - mit anderen Männern, was den ohnehin psychisch labilen Woyzeck erneut stark eifersüchtig machte. Es ist bekannt, dass J. C. Woyzeck Woost aus diesem Grund längere Zeit körperlich misshandelte. Die Kombination aus sozialer Verwahrlosung, Alkoholmissbrauch und Depression verschlimmerte seine krankhafte Eifersucht enorm und machte ihn schließlich zum Mörder. Am 21. Juni 1821 erstach der 41-jährige J. C. Woyzeck Woost mit einem Degen vor ihrem Haus, weil sie ihn an diesem Tag für einen Soldaten versetzt hatte. Er wurde noch am selben Abend dort verhaftet. Laut den Aussagen verschiedener Zeugen gab er nur unzusammenhängende Sätze von sich und wirkte geistig verwirrt.

Der Mordprozess um J. C. Woyzeck rückte alsbald in den Fokus der Öffentlichkeit, wobei eine heftige Debatte um die Zurechnungsfähigkeit des Täters losbrach. Denn obwohl sich zeitweilig sogar der sächsische Thronfolger für J. C. Woyzeck eingesetzt hatte, erhielt dieser für sein Verbrechen schließlich die Todesstrafe. Eine zentrale Rolle spielten dabei zwei psychiatrische Gutachten, die das Gericht während des Mordprozesses einholte. Darin hatte der Medizinalrat Johann Christian August von Clarus den Täter für voll zurechnungsfähig befunden. Für das erste Gutachten hielt Clarus insgesamt fünf Sitzungen mit J. C. Woyzeck ab, in denen er ihm zur Einschätzung seines geistigen Gesundheitszustandes etliche Fragen stellte. Seine Schlussfolgerung war, dass J. C. Woyzeck in jedem Fall schuldfähig sei. Weil die Verteidigung zunächst einen Aufschub der Strafvollstreckung erreichen konnte, fertigte Clarus wenig später ein zweites Gutachten an, in dem er zum selben Ergebnis kam wie bereits zuvor. Aus diesem Grund konnte zuletzt keine Revision des Urteils erwirkt werden. Drei Jahre nach der Tat wurde J. C. Woyzeck am 27. August 1824 vor etwa 5000 Zuschauern auf dem Leipziger Marktplatz öffentlich hingerichtet.

In den 1830er Jahren wurde der Mordprozess des J. C. Woyzeck zu einem Präzedenzfall in der öffentlichen Debatte *„über die Legitimität der Todesstrafe und über die Willensfreiheit des Menschen."*[2] Kritische Stimmen bezeichneten J. C. Woyzecks Hinrichtung sogar als *„Justizmord"*[3]. Etwa zu diesem Zeitpunkt wurde auch Büchner auf den Mordfall aufmerksam. Über das Abonnement des Medizinjournals *Henkes Zeitschrift für Staatsarzneikunde* seines Vaters erhielt er Zugang zum zweiten Clarus-Gutachten, das mit dem Titel *Die Zurechnungsfähigkeit des Mörders Woyzeck, nach Grundsätzen der Staatsarzneikunde aktenmäßig erwiesen von Hrn. Hofrath Dr. Clarus* darin veröffentlicht worden war. Im *Woyzeck*-Drama zitiert Büchner stellenweise wörtlich J. C. Woyzeck aus diesem zweiten Gutachten. Des Weiteren beziehen sich Woyzecks Verfolgungswahn, wie beispielsweise der Glaube an die Freimaurer, das uneheliche Kind und der Tambourmajor als Liebhaber direkt auf die aus dem Gutachten überlieferten Informationen. Hätte Büchner seinen

---

[2] A. Martin: *Georg Büchner*, Stuttgart 2007, S. 191
[3] ebd

Woyzeck noch zu Lebzeiten fertigstellen können, wäre er wohl „*ein solcher kritischer Beitrag zu dieser Debatte gewesen*"[4].

Mögliche Prüfungsfrage
Vergleichen Sie den historischen Mordfall des J. C. Woyzeck mit dem Mord im Drama. Stellen Sie Gemeinsamkeiten und Unterschiede dar.

Daniel Schmolling

Neben dem Fall des J. C. Woyzeck, der als Hauptinspirationsquelle für das *Woyzeck*-Drama gilt, bezieht Büchner sich auch auf den Mordfall des Daniel Schmolling. Der Tabakspinnergeselle hatte am 25. September 1817 in einem Wald am Rande Berlins mit einem Messer auf seine Geliebte Henriette Lehne eingestochen, die wenig später ihren Verletzungen erlag. Das Verbrechen erregte damals sofort Aufsehen, da die Frage nach einem einleuchtenden Tatmotiv selbst nach mehrfacher Befragung Schmollings nicht geklärt werden konnte. Aus diesem Grund wurde im Zuge des Mordprozesses insbesondere die Zurechnungsfähigkeit des Täters untersucht. Obwohl Schmolling durch ein Gutachten zunächst als unzurechnungsfähig eingestuft wurde und daher Amnestie erhalten sollte, konnte die Staatsanwaltschaft zuletzt eine Revision des Urteils erwirken; Schmolling sollte nun doch die Todesstrafe erhalten. Der Gutachter widersprach dieser Forderung allerdings vehement, was erneut zu einer lautstarken öffentlichen Debatte um die Zurechnungs- und Schuldfähigkeit des Täters führte. Schließlich ordnete der preußische König eine lebenslange Gefängnisstrafe für Schmolling an. Dieser ermordete in der Haft wenige Jahre später einen anderen Gefangenen.

Der damals prominente Mordfall wurde noch Jahre nach dem Urteil immer wieder intensiv diskutiert. 1820 erschien das gerichtspsychiatrische Gutachten im *Archiv für medizinische Erfahrung im Gebiete der praktischen Medizin und Staatsarzneikunde* mit dem Titel *Gutachten über den Gemüthszustand des Tobacksspinnergesellen Daniel Schmolling, welcher den 25sten September 1817 seine Geliebte tödtete*. Büchner verwendet für seinen *Woyzeck* verschiedene Aspekte des Mordes aus dem Gutachten und den Prozessakten, wie beispielsweise den Spaziergang zum Wald oder die Schreie des Mordopfers, welche die Aufmerksamkeit anderer Personen erregten.

Johann Dieß

Vermutlich ist dieser Mordfall ein entscheidender Impuls für Büchners Interesse an den Fällen J. C. Woyzeck und Schmolling gewesen. Am 15. August 1830 ermordete der Leinenwebergeselle Johann Dieß in Darmstadt seine Geliebte Elisabeth Reuter und wurde daraufhin zu einer 18-jährigen Haftstrafe verurteilt. Allerdings starb er bereits nach vier Jahren im Gefängnis, woraufhin sein Leichnam im Jahr 1834 an die medizinische Fakultät der Universität Gießen übergeben wurde. Möglicherweise hat Büchner im Rahmen seines Medizinstudiums damals sogar selbst an der Obduktion von Dieß' Leiche teilgenommen. In jedem Fall kannte er das psychiatrische Gutachten aus dem Mordprozess, das im Jahr 1836 veröffentlicht wurde. Darin wird an mehreren Stellen auf den J. C. Woyzeck-Fall und die beiden Clarus-Gutachten verwiesen.

---

[4]ebd

Johann Philipp Schneider

Seit dem Jahr 2005 weist Burghard Dedner mit einer neuen Forschungserkenntnis auf einen weiteren Mordfall hin, der eindeutige Parallelen zum *Woyzeck* aufweist. Am 15. April 1816 hatte der Schustergeselle Johann Phillip Schneider seinen Gläubiger Bernhard Lebrecht in einem Wald bei Darmstadt mit einem Messer erstochen, weil er seine hohen Schulden nicht bezahlen konnte. Nach dem Mord begab er sich blutbefleckt in ein städtisches Wirtshaus, das er gleich darauf aufgrund eines Streits wieder verließ. Daraufhin wusch er seine blutige Kleidung in einem See am Stadtrand. In der Zwischenzeit hatte ein Barbier die Leiche entdeckt und die örtliche Polizei kontaktiert. Anhand der Zeugenaussagen der Wirtshausgäste und der Mordwaffe, die Schneider noch immer bei sich trug, konnte er kurz darauf überführt werden. Schließlich wurde auch er für sein Verbrechen hingerichtet.

Im Jahr 1834 wurde Schneiders Fall in einem Sammelband mit dem Titel *Meuchelmord* vom Darmstädter Publizisten Philipp Bopp veröffentlicht. Bis heute ist unklar, ob Büchner diese Veröffentlichung kannte. Es wird allerdings spekuliert, dass er durch gemeinsame Freunde in Darmstadt den Kontakt zu Bopp herstellen konnte. Die Ähnlichkeiten von Schneiders Mordfall und dem *Woyzeck*-Drama sind jedenfalls offensichtlich. Speziell Schneiders chaotisches Verhalten unmittelbar nach der Tat hat Büchner in seinem *Woyzeck* adaptiert. Darüber hinaus scheint er auch das Alter des Täters im Drama übernommen zu haben. Schneider war zum Zeitpunkt des Mordes 30 Jahre alt, ebenso wie der fiktive Woyzeck. Auch die Figur des Barbiers könnte auf Schneiders Mordfall zurückgehen.

Notizen

3 Form und literarische Technik

Georg Büchner starb, bevor er seinen *Woyzeck* fertigstellen konnte. Aus diesem Grund ist das Drama heute nur in einzelnen Handschriften überliefert, die lediglich Büchners Arbeitsprozess am *Woyzeck* widerspiegeln. Weil der Autor aber keine fertig ausgearbeitete Version hinterlassen hat, verbleibt das Drama lediglich in fragmentarischer Form, ohne festgelegte Anordnung der Szenen oder Unterteilung in Akte. Es bleibt also unklar, wie Büchner das Drama ursprünglich konzipieren wollte.

Hätte der *Woyzeck* in offener oder geschlossener Dramenform erscheinen sollen?

Anhand des vorhandenen Szenenmaterials aus den einzelnen Handschriften kann jedoch vermutet werden, dass der *Woyzeck* wahrscheinlich kein klassisches Drama werden sollte. Eindeutig fehlt die von Aristoteles entwickelte Einheit von Ort, Zeit und Handlung des geschlossenen Dramas. Vielmehr wird das Geschehen in einzelnen Ausschnitten präsentiert, da Woyzeck immer in Bewegung ist und mit vielen verschiedenen Figuren interagiert. Als Protagonist verknüpft er die sonst eher formlosen und teilweise auch sehr kurzen Szenen miteinander. Aus diesem Grund weist die gängige Konzeption, die sich heute als Lese- und Bühnenfassung durchgesetzt hat, eindeutige Merkmale eines offenen Stationendramas auf. Für eine offene Dramenform spricht ebenfalls, dass Büchner in seiner revolutionären Haltung der in der Zeit des Absolutismus vorherrschenden Regelform der klassizistischen Tragödie wahrscheinlich nur allzu gern den Rücken gekehrt hat. Ein weiterer Anhaltspunkt für diese Vermutung ist sein einziges zu Lebzeiten veröffentlichtes Drama *Dantons Tod*, das er ebenfalls in offener Dramenform abgefasst hat.

 Dramatik    Drama - Aufbau (1)    Drama - Aufbau (2)    Inhalt - Drama

Dennoch, die Frage nach der vom Autor beabsichtigten Szenenfolge beschäftigt die Büchner-Forschung bis heute und wird wahrscheinlich nie vollständig beantwortet werden können. Diese Ungewissheit macht den *Woyzeck* als Drama ganz besonders interessant und bietet auch im Hinblick auf die Inszenierung vielfältige Möglichkeiten. Vielleicht ist sie auch eine Erklärung dafür, warum der *Woyzeck* noch immer ein so intensiv diskutiertes Werk ist.

3.1 Woyzeck: ein Drama in Fragmenten

3.1.1 Die Handschriften

Büchner hat vier unterschiedlich ausgearbeitete Entwurfshandschriften hinterlassen, die gemeinhin als H1, H2, H3 und H4 bezeichnet werden (demnach steht beispielsweise H1,1 für: 1. Szene aus H1). H1 und H2 stammen noch aus der Straßburger Zeit, wurden aber später in Zürich erneut bearbeitet. H3 und H4 sind erst in Zürich entstanden. Obwohl Büchner keine fertige Version hinterlassen hat, gelten insbesondere die ersten Szenen von H4 als eine Art Reinschrift. Während es sich bei H1 und H2 sehr wahrscheinlich um einfache Entwurfshandschriften handelt, wirkt H4 im Vergleich wie eine überarbeitete, fortgeschrittene Version. Diese Annahme stützt sich nicht zuletzt auf *„die Papiersorte und die Sorgfältigkeit der Niederschrift"*[1] von H4. Burghard Dedner begründet unter anderem damit seine Konzeption der Lese- und Bühnenfassung, auf die sich diese Lektürehilfe bezieht. Bis Szene 17 folgt sie fast ausschließlich H4, wohingegen der darauffolgende Mordkomplex sich eng am ersten Entwurf aus H1 orientiert. Diese Verfahrensweise erklärt auch, warum der Mordkomplex ab Szene 18 in der Lese- und Bühnenfassung, anders als der Rest des Dramas, nur rudimentär ausgearbeitet wirkt.

In Dedners Fassung wurden in Bezug auf H4 nur zwei marginale Änderungen vorgenommen. Zum einen hat er für die Jahrmarktsszene auf die Entwürfe aus H1 und H2 zurückgegriffen, zum anderen in Szene 9 die in H4 noch vorhandene Arbeitslücke mit dem zweiten Abschnitt aus H2,7 ergänzt. Dedner stützt sich insbesondere deswegen so sehr auf H4, um *„dem letzten dokumentierten Willen des Autors zu entsprechen"*[2]. Allerdings vernachlässigt seine Ausgabe zugunsten *„ihre[r] Treue zur handschriftlichen Überlieferung"*[3] die zwei Szenen aus H3 *Der Hof des Professors* (H3,1) und *Der Idiot. Das Kind. Woyzeck.* (H3,2). Für Dedner ist H3,1 *„in den geschlossenen Handlungsverlauf nicht integrierbar"*[4], weil er sie vielmehr für einen *„Alternativentwurf zur der Doktor-Szene H4,8"*[5] hält. Die Versuche zahlreicher anderer Herausgeber, H3,2 als Schluss des Dramas zu platzieren, beurteilt er kritisch, da Büchners Absichten in Bezug auf das Ende des Dramas schließlich unbekannt geblieben sind. In der Inhaltsangabe dieser Lektürehilfe (siehe Kap. 4) wurde H3,2 dennoch berücksichtigt, um dem Leser überhaupt einen möglichen Dramenschluss anzubieten. Da sich dieses Buch aber bewusst an Dedners Fassung orientiert, wurde an der entsprechenden Stelle explizit auf die gesonderte Stellung der Szene hingewiesen.

Dedners Studienausgabe wurde gerade deshalb als Grundlage für diese Lektürehilfe gewählt, weil sie neben der Lese- und Bühnenfassung auch den emendierten und differenzierten Text enthält und somit eine allumfassende Auseinandersetzung mit den Handschriften ermöglicht. Denn ebenso wie in Dedners Studienausgabe soll der *Woyzeck* in diesem Buch nicht wie ein abgeschlossenes Drama behandelt werden, um so nah wie möglich am Originaltext zu bleiben und den fragmentarischen Charakter von Büchners Werk hervorzuheben. Aus diesem Grund werden im Folgenden die Handschriften im Sinne des emendierten Textes einzeln beleuchtet, der die verschiedenen überlieferten Entwürfe H1, H2, H3 und H4 jeweils vollständig wiedergibt. Daraus können beispielsweise Rückschlüsse auf den Entstehungsprozess des Dramas gezogen werden. Der in der Studienausgabe enthaltene differenzierte Text informiert darüber hinaus über die *„Schwierigkeiten bei der Entzifferung des Dramentextes"*[6], die mit Büchners teilweise stark unleserlicher

---

[1] B. Dedner: *Nachwort*, Stuttgart 1999, S. 188
[2] ebd, S. 201
[3] ebd, S. 205
[4] ebd, S. 205
[5] ebd
[6] ebd, S. 209

Handschrift einhergehen und legt jeweils verschiedene Lesarten vor. In dieser Lektürehilfe wird die differenzierte Form der Textdarbietung aber vernachlässigt, um den Rahmen nicht zu sprengen.

H1

Die Foliohandschrift H1 ist vermutlich zwischen Juli und Oktober 1836 in Straßburg entstanden. Insgesamt umfasst sie 21 Szenen, wobei H1,1-13 sich stark von der aus H4 entwickelten Lese- und Bühnenfassung unterscheiden, da Büchner nachträglich mehrere Abschnitte vollständig überarbeitet beziehungsweise gestrichen hat. Auch scheint dieser erste Entwurf inhaltlich nur sehr dürftig ausgearbeitet, im Vordergrund stehen die Vorgeschichte des Verbrechens sowie der Mord selbst. Die Lebensumstände der beiden Protagonisten Louis (Nachname unbekannt) und Margreth Woyzeck werden nahezu nicht beleuchtet, darüber hinaus fehlen die Figuren des Hauptmanns und des Doktors gänzlich. Stattdessen tritt in H1,10 der *„Barbier"* auf, der gewisse Parallelen zu Doktor und Hauptmann aufweist. Er spricht mit dem *„Unterofficier"*, der erst später in H2 zum Tambourmajor wird. Darüber hinaus deutet Büchner die Affäre zwischen Margreth und dem Unteroffizier zwar an, räumt ihnen aber noch keine eigenen Szenen zur Interaktion ein. Einzig Andres ist in seiner Rolle als Freund und Vertrauter von Louis schon vorhanden, anstelle des Hauptmanns macht er ihn in H1,8 auf Margreths Untreue aufmerksam. Zuletzt ist auch Louis' psychische Erkrankung noch nicht ausgearbeitet. Sie kann zwar beispielsweise aus den Szenen H1,5, H1,6 oder H1,7 herausgelesen werden und ähnelt an diesen Stellen teilweise schon H4, zieht sich aber nicht wie ein roter Faden durch die Handlung. Im Gegenteil gibt es mehrere Szenen, beispielsweise H1,4, H1,8 oder H1,11, in denen man Louis seine geistige Verwirrtheit kaum anmerkt. Bis auf kleinere Abweichungen ist die Handschrift ab H1,14 nahezu identisch mit dem Mordkomplex aus der Lese- und Bühnenfassung.

H2

Die Foliohandschrift H2 ist eine Art Erweiterung von H1. Sie besteht aus nur neun Szenen, da Büchner darin insbesondere den Beginn des Dramas ausarbeitet. Die beiden Protagonisten heißen jetzt Franz Woyzeck und Louise/l (Nachname unbekannt). Während H1 mit der Jahrmarktsszene beginnt, zeigt H2 Woyzeck zuvor noch in verschiedenen Alltagssituationen. Büchner will speziell der Woyzeck-Figur mehr psychologische Tiefe verleihen. Zu diesem Zweck führt er weiterhin den Doktor und den Hauptmann als Repräsentanten der Oberschicht ein, die er mit Woyzeck interagieren lässt. Auch die Affäre ist mittlerweile viel deutlicher aus dem Dramentext herauszulesen, in H2,7 spricht der Hauptmann Woyzeck auf Louises Untreue an. Später in H2,8 konfrontiert Woyzeck seine Freundin mit dem Verdacht auf ihren Seitensprung, der heimliche Liebhaber heißt jetzt Tambourmajor. Zuletzt folgt auch die Darstellung von Woyzecks psychischer Krankheit endlich einem System. In H2,1 hat er auf dem Freien Feld schlimme Wahnvorstellungen und versetzt Louise in H2,2 mit seinem Verfolgungswahn in Angst. Darüber hinaus muss er in H2,6 und H2,7 die Erniedrigungen von Hauptmann und Doktor ertragen, wobei die bekannte Rasierszene noch fehlt. Wahrscheinlich hat Büchner den Beginn seines Dramas gerade deswegen noch einmal neu erdacht, um Woyzecks Charakter stärker im Zusammenspiel mit den anderen Hauptfiguren zu illustrieren und so sein persönliches Umfeld sowie seine Lebenssituation für den Leser greifbarer zu gestalten. Viele Abschnitte aus H2 ähneln bereits stark H4.

H3

Das Quartblatt H3 ist hinsichtlich seiner korrekten Einordnung in die Szenenabfolge äußerst kritisch zu bewerten. In der Büchner-Forschung existieren zahlreiche verschiedene Vorschläge, ob und wie die beiden darin enthaltenen Szenen in die Handlungsabfolge integriert werden sollen. Ebenfalls uneinig ist man sich über die zeitliche Einordnung dieser Handschrift, denn wahrscheinlich ist sie sogar erst nach H4 entstanden. Inwiefern Büchner H3,1 und H3,2 in seinen *Woyzeck* einarbeiten wollte oder ob er sich damit vielleicht nur an alternativen Szenenentwürfen ausprobiert hat, ist unklar. H3,1 zeigt Woyzeck im Gespräch mit einem Professor und dem Doktor. Die Figur des Professors kommt in keiner der anderen Handschriften vor. In H3,2 sitzt Woyzeck mit dem Idioten Karl und seinem Sohn zu Hause. Diese Szene könnte möglicherweise der Entwurf eines Dramenschlusses sein, wobei sich diese Vermutung bis heute nicht beweisen lässt. Bezüglich ihrer Position in der Handlungsabfolge ist sie wohl die problematischste Szene des gesamten *Woyzeck*-Konvoluts[7].

H4

Die Quarthandschrift H4 ist eine Art fortgeschrittener Entwurf, insbesondere die ersten Szenen kommen einer Reinschrift gleich. Die beiden Hauptfiguren heißen jetzt Franz Woyzeck und Marie. Basierend auf der Entwurfshandschrift H2 hat Büchner zunächst H4,1 und H4,2 überarbeitet und die Handlungsabfolge anschließend um drei Szenen erweitert. Die Szene mit den Ohrringen (H4,4) und die bekannte Rasierszene (H4,5) wurden hinzugefügt. Verglichen mit H2 konfrontiert Woyzeck Marie in H4,6 schon zwei Szenen früher mit der Affäre. Aufgrund mehrerer Auslassungen liegt allerdings nahe, dass Büchner H4 später noch einmal überarbeiten wollte. Bis auf die Überschrift *Buden. Lichter. Volk.* fehlt die Jahrmarktsszene vollständig, möglicherweise wollte Büchner sie zu einem späteren Zeitpunkt aus den Szenen H1,1-3 sowie H2,3 und H2,5 zusammenfügen. Auch für die Szene H4,9, in der Hauptmann und Doktor auf der Straße miteinander sprechen, wollte Büchner wohl nicht den Entwurf aus H2,7 übernehmen. Der Teil, in dem der Hauptmann Woyzeck auf Maries Untreue anspricht, fehlt. Im Anschluss fügte Büchner die Szenen aus H1,4-14 an, allerdings in stark überarbeiteter Form. Darauf folgen noch einmal zwei neu abgefasste Szenen H4,15 und H4,17; für H4,16 griff Büchner wieder auf einen Entwurf aus H2,9 zurück. Auffällig ist auch, dass er bei der Niederschrift von H4 einzelne *„Szenen der Entwurfshandschriften durch einen (meist senkrechten) Strich als erledigt"*[8] kennzeichnete: H1,4-7, H1,9, H1,10 sowie H2,1, H2,2, H2,4, H2,6, H2,8 und H2,9.

3.1.2   **Karl Emil Franzos**

Im Herbst 1837, etwa ein halbes Jahr nach Büchners Tod, schickte Wilhelmine Jaeglé seinem ehemaligen Lektor Karl Gutzkow die bisher unveröffentlicht gebliebenen Manuskripte des Lustspiels *Leonce und Lena* sowie der Prosaerzählung *Lenz*. Den *Woyzeck* schickte sie ihm nicht, vielleicht weil sie in den einzelnen Handschriften kein *„publikationsfähiges Werk"*[9] erkennen konnte. Danach verschwand das Drama etwa 12 Jahre lang in ihrer Schublade. Im Jahr 1850 sollte der von Büchners Brüdern Ludwig und Alexander konzipierte Sammelband *Nachgelassene Schriften* erstmals sein gesamtes Werk enthalten, zu dessen Vorbereitung die Brüder sich daher an der Entzifferung

---

[7]Bündel von Schriftstücken, Drucksachen o. Ä.
[8]B. Dedner: *Nachwort*, Stuttgart 1999, S. 186
[9]ebd, S. 191

des *Woyzeck* versuchten. Jedoch konnten auch sie, ähnlich wie zuvor schon die Verlobte, die einzelnen Szenen nicht in eine plausible Handlungsabfolge bringen und hatten darüber hinaus große Schwierigkeiten mit Büchners Handschrift. Unter anderem lasen sie den Namen des Protagonisten als „*Wozzuck*" beziehungsweise „*Wotzuck*"[10]. Um den Verstorbenen nicht falsch wiederzugeben, wollten sie das Drama letztendlich nicht in den *Nachgelassenen Schriften* abdrucken.

Weitere 25 Jahre später spielte der österreichische Schriftsteller Karl Emil Franzos (1848–1904) eine entscheidende Rolle. Ende 1875 wagte er sich mit einem Beitrag in der Wiener Zeitschrift *Neue Freie Presse* an die Veröffentlichung einer stark gekürzten Version der Handschriften. Drei Jahre später folgte die Herausgabe einer vollständigen Dramenfassung unter dem Titel *Wozzeck. Ein Trauerspiel-Fragment von Georg Büchner* im damals neu gegründeten Berliner Magazin *Mehr Licht! Eine deutsche Wochenschrift für Literatur und Kunst*. In der von ihm verfassten Einleitung heißt es, er hätte die fragmentarischen Szenenskizzen „*nach bestem Wissen und Gewissen*"[11] entziffert. 1880 druckte er seine Version des *Wozzeck* erneut in dem von ihm herausgegebenen Sammelband *Georg Büchner's Sämmtliche Werke und handschriftlicher Nachlaß*. Lange Zeit bildete Franzos' „*von Lesefehler[n] und willkürliche[n] Entscheidungen geprägte Edition des Dramas*"[12] die Grundlage der Werkrezeption. Unter anderem beruhte die Uraufführung des Dramas am 8. November 1913 auf Hugo von Hofmannsthals Bearbeitung der Franzos-Ausgabe. An dieser Fassung orientiert sich beispielsweise auch die seit 1925 berühmt gewordene Oper *Wozzeck* von Alban Berg.

Aus heutiger Sicht dürfte Franzos' Version sicherlich als überholt gelten, dennoch hat er als Herausgeber der ersten vollständigen Druckausgabe den Grundstein für die kritische Auseinandersetzung mit dem Dramenfragment gelegt, die noch immer nicht abgeschlossen ist. Seit 1920 wurde der Text mehrfach von verschiedenen Büchner-Forschern überarbeitet und insbesondere die Anordnung der Szenen immer wieder geändert. Die 1981 unter dem Titel *Woyzeck* erschienene Fassung von Gerhard Schmidt hat ihre Aktualität bis heute weitestgehend bewahrt, wenn auch zuweilen die Diskussion um eine Rekonzeption aufkeimt. Burghard Dedners Studienausgabe bezieht sich auf die nur leicht von Schmidts Version abweichende Lese- und Bühnenfassung von Thomas Michael aus dem Jahr 1990.

3.2 Sprache im *Woyzeck*

Obwohl wegen des unvollendeten Manuskripts keine Gewissheit über die vom Autor beabsichtigte Dramenform besteht, erscheint Büchners Bruch mit der zeitgenössischen literarischen Konvention des klassizistischen Dramas mehr als offensichtlich. Erstmals macht er ein Mitglied der sozialen Unterschicht zum Protagonisten und legt damit den Fokus auf die Lebensrealität der armen Bevölkerung. Weil im *Woyzeck* Unterschicht und Oberschicht aufeinandertreffen, hat Büchner sein Drama ganz bewusst auch sprachlich stark heterogen gestaltet. Durch die Ausdrucksweise charakterisiert er seine Hauptfiguren zusätzlich und bildet damit auch die herrschenden Gesellschaftsverhältnisse ab. Woyzeck, Marie, Andres und Margreth haben aufgrund ihrer fehlenden Bildung nur einen kleinen Wortschatz und sprechen hessischen Dialekt. Der Hauptmann und der Doktor hingegen äußern sich als kultivierte Personen auf Hochdeutsch, wobei der Hauptmann auf großtönende Phrasen zurückgreift und der Doktor Wissenschaftssprache verwendet. Zuletzt

---

[10]A. Martin: *Georg Büchner*, Stuttgart 2007, S. 188
[11]ebd
[12]B. Dedner: *Nachwort*, Stuttgart 1999, S. 192

veranschaulicht auch der Tambourmajor seine selbstbewusste und arrogante Haltung durch prahlerische Militärsprache.

Um den Fokus gezielt auf die Hauptfiguren zu legen, wirken die vielen Nebenfiguren teilweise stark klischeehaft: der Jude ist ein geldgieriger Kaufmann, der Marktschreier ein überschwänglicher Sprücheklopfer und die Handwerker im Wirtshaus präsentieren sich als ausgelassene Trunkenbolde. Die sprachlich nur schwache Ausarbeitung dieser Figuren trägt wiederum dazu bei, dass speziell die Woyzeck-Figur im Zentrum der Handlung steht. Nicht zufällig hat er den größten Redeanteil im Drama, unter anderem sind die Szenen 12, 23 und 24 reine Monologe.

Figurenrede

Woyzeck gehört zur bildungsfernen Schicht, weshalb er in seinen Äußerungen keinem System folgt. Ständig scheitert er daran, seine Gedanken in klare Worte zu fassen: *„sehn sie mit der Natur [...] das ist so was, wie soll ich doch sagen, zum Beispiel"* (Ref., S. 22, V. 16ff). Meist spricht er stockend, in parataktischen und teilweise sogar elliptischen Sätzen: *„Wir arme Leut. Sehn sie, Herr Hauptmann, Geld, Geld. Wer kein Geld hat."* (Ref., S. 18, V. 12f) Häufig ändert sich auch die Syntax seiner Sätze, noch während er sie formuliert: *„wenn ich ein Herr wär und hätt ein Hut und eine Uhr und eine anglaise und könnt vornehm reden, ich wollt schon tugendhaft seyn."* (Ref., S. 18, V. 32ff) Dieses Stilmittel, das Anakoluth, ist charakteristisch für Woyzecks Äußerungen. Darüber hinaus veranschaulichen die zahlreichen Wortwiederholungen seinen beschränkten Wortschatz: *„Lauter, lauter, stich, stich die Zickwolfin todt? stich, stich die Zickwolfin todt."* (Ref., S. 30, V. 5ff) Insbesondere die Gespräche mit Hauptmann und Doktor führen Woyzeck seine Unterlegenheit vor Augen, er wirkt angespannt und hilflos, was er durch seine Körpersprache zum Ausdruck bringt: *„er kracht mit den Fingern"* (Ref., S. 22, V. 17). Regelrechtes Verstummen in Form einer Aposiopese zeigt in diesen Situationen seine Überforderung: *„Herr Hauptmann, ich bin ein armer Teufel, - und hab sonst nichts auf der Welt Herr Hauptmann, wenn Sie Spaß machen - "* (Ref., S. 25, V. 24ff). Außerdem scheint Woyzeck gerade dann durch seine psychische Krankheit besonders beeinträchtigt zu sein, wenn es um die präzise Formulierung seiner Gedanken geht: *„sieh da ging ein Rauch vom Land, wie der Rauch vom Ofen?"* (Ref., S. 11, V. 22ff) Auffällig ist auch, dass seine Verwirrtheit mit voranschreitendem Handlungsverlauf zunimmt. Nach dem Mord bringt er kaum mehr einen sinnvollen Satz zustande: *„Es rührt sich was. Still. Da in der Nähe. Marie? Ha Marie! Still."* (Ref., S. 39, V. 16f) Generell ist die Psychose eigentlich nur anhand Woyzecks neurotischer Verhaltens- und Artikulationsmuster ersichtlich, denn er kann seine Wahnvorstellungen verbal kaum kommunizieren: *„Es ist hinter mir gegangen bis vor die Stadt. Was soll das werden?"* (Ref., S. 11, V. 26f) Speziell die drei Monologe zeigen noch einmal deutlich, dass er aufgrund seiner Verwirrtheit nicht mit den anderen Figuren kommunizieren kann. Zwar war er schon zu Beginn des Dramas in seiner Krankheit unverstanden, grenzt sich jedoch mit der Zeit zunehmend von den Menschen in seinem Umfeld ab.

Marie ist wie Woyzeck der sozialen Unterschicht zuzuordnen. Daher offenbart sich ihr niedriges Bildungsniveau ebenfalls durch ihre Ausdrucksweise. Sie spricht meist in kurzen, prägnanten Sätzen und veranschaulicht ihren begrenzten Wortschatz durch viele Wortwiederholungen: *„Was hast du Franz? Du bist hirnwüthig Franz. [...] Franz, du red'st im Fieber."* (Ref., S. 20, V. 14ff) Anders als Woyzeck kann Marie ihre Sprache aber gezielt nutzen, um ihre Gedanken und Bedürfnisse mitzuteilen. Ihre Aussagen sind meist sehr direkt und pragmatisch: *„Ueber die Brust wie ein Stier und ein Bart wie ein Löw .. So ist keiner .. Ich bin stolz vor allen Weibern."* (Ref., S. 19, V. 17ff) Durchaus selbstsicher instrumentalisiert sie ihre Sprache zum Beispiel auch in der Unterhaltung mit Woyzeck, um von ihrer Affäre abzulenken: *„Man kann viel sehn, wenn man 2 Augen hat und man nicht blind ist und die Sonn scheint."* (Ref., S. 20, V. 28f)

Auch Andres gehört wie Woyzeck und Marie zur Unterschicht. Er hat kaum Redeanteile im Drama, auf den ersten Blick wirkt er unbedarft und naiv. Insbesondere die kindlichen Volkslieder spielen in seiner Ausdrucksweise eine zentrale Rolle, da sie seine naive Gesinnung und seinen gefestigten Charakter widerspiegeln: *„Frau Wirthin hat n'e brave Magd / Sie sitzt im Garten Tag und Nacht"* (Ref., S. 27, V. 5f). Seine Sätze formuliert er meist direkt und knapp: *„Ich fürcht mich."* (Ref., S. 9, V. 21)

Der Hauptmann stellt als Repräsentant der Oberschicht seine Überlegenheit durch seine herablassende Ausdrucksweise zur Schau. Speziell wenn er mit Woyzeck spricht, sind seine Aussagen geprägt von Anweisungen und Kritik: *„Woyzeck, er hat keine Moral! [...] Er hat ein Kind, ohne den Segen der Kirche"* (Ref., S. 17, V. 29ff). Dabei verwendet er zahlreiche Imperative, was sowohl seine Position als militärischer Vorgesetzter als auch seine Geringschätzung für Woyzeck veranschaulicht: *„Red' er doch was Woyzeck."* (Ref., S. 17, V. 17f) Zusätzlich spricht er meist in der dritten Person von und mit ihm: *„Was sagt er da? [...] Wenn ich sag: er, so mein ich ihn, ihn"* (Ref., S. 18, V. 8ff). Bei genauer Betrachtung beschränken sich die Aussagen des Hauptmanns allerdings auf die großspurige Demonstration seines vermeintlichen Intellekts: *„Moral das ist wenn man moralisch ist, versteht er. Es ist ein gutes Wort."* (Ref., S. 17, V. 30f) In seiner Anmaßung stößt er jedoch im Gespräch mit dem Doktor an seine Grenzen: *„Herr Doctor erschrecken Sie mich nicht, es sind schon Leute am Schreck gestorben"* (Ref., S. 24, V. 14f). Denn dessen objektive Wissenschaftssprache steht in starkem Kontrast zu den inhaltsleeren Phrasen des Hauptmanns.

Der Doktor gehört ebenso wie der Hauptmann zur Oberschicht. Als einzige Figur im Drama ist er wirklich gebildet und drückt sich daher häufig mittels der Verwendung von Wissenschaftssprache aus: *„Woyzeck er hat die schönste aberratio mentalis partialis"* (Ref., S. 22, V. 31f). Anders als beim Hauptmann beschränkt sich die Demonstration seiner Überlegenheit aber nicht nur auf Woyzeck als Mitglied der Unterschicht. Auch im Gespräch mit dem Hauptmann präsentiert er sich als gefühlskalter Mediziner: *„aufgedunsen, fett, dicker Hals, apoplectische Constitution"* (Ref., S. 24, V. 1f). Aufgrund seines Bildungsniveaus grenzt er sich von den anderen Figuren ab und beabsichtigt nicht, in seinen Äußerungen verstanden zu werden. Darüber hinaus hört er seinen Gesprächspartnern nicht zu, sondern wirft mit medizinischen Fakten um sich: *„Den Puls Woyzeck, den Puls, klein, hart, hüpfend, ungleich."* (Ref., S. 25, V. 28f) Denn er betrachtet seine Mitmenschen aus einer rein wissenschaftlichen Perspektive und interessiert sich ansonsten nicht für sie. Außerdem macht er sich nicht die Mühe, seine objektive Haltung zu verbergen: *„Er ist ein interessanter casus, Subject Woyzeck er kriegt Zulage."* (Ref., S. 23, V. 11f)

Der Tambourmajor gehört eigentlich auch zu den einfachen und ungebildeten Leuten, was vor allem sein vulgäres Verhalten im Wirtshaus zeigt: *„Ich will ihm die Nas ins Arschloch prügeln."* (Ref., S. 31, V. 7f) Seine Ausdrucksweise ist stark durch seine militärische Ausbildung geprägt, er präsentiert sich forsch, aggressiv und männlich: *„Ich bin ein Mann!"* (Ref., S. 31, V. 4) In der Funktion als Tambourmajor erhält er gesellschaftliche Anerkennung, aus der er sein Selbstbewusstsein schöpft: *„Marie, der Prinz sagt immer: Mensch, er ist ein Kerl."* (Ref., S. 19, V. 22f) Seine Bedürfnisse kommuniziert er direkt und arrogant: *„wir wollen eine Zucht von Tambour-Major's anlegen. He?"* (Ref., S. 19, V. 27f) Unter anderem wird sein Hochmut auch durch die häufige Verwendung von Imperativen deutlich: *„da Kerl, sauf, der Mann muß saufen"* (Ref., S. 31, V. 8f).

Dialekt

Der *Woyzeck* ist eine Kollision zweier Gesellschaftsschichten. Büchner setzt in der Figurenrede stellenweise gezielt südhessischen Dialekt ein, um den Kontrast zwischen Unter- und Oberschicht umso deutlicher herauszustellen. Damit schreibt er Woyzeck, Marie, Andres und Margreth ihren ganz persönlichen Sprachstil zu, um ihre individuellen Charaktere zu betonen und sie als Mitglieder der Unterschicht bewusst nicht im Kollektiv darzustellen. Aufgrund der Armut und der eingeschränkten Lebensverhältnisse verlassen diese Figuren ihr gewohntes Umfeld nicht und haben kaum soziale Kontakte. Auch wegen ihres niedrigen Bildungsniveaus leben sie am Rande der Gesellschaft, die Angehörigen anderer Schichten interessieren sich nicht für sie und ihre Meinung. Dieser Mangel an Informationsaustausch äußert sich in einem defizitären Sprachgebrauch. So wird beispielsweise Maries und Margreths Isolation auch durch ihre Ausdrucksweise deutlich, die stark von dialektalen Einschlägen geprägt ist. Charakteristisch dafür ist das Gespräch zwischen den beiden Frauen aus Szene 2: *„Trag sie ihr Auge zum Jud und laß sie sie putze, vielleicht glänze sie noch, daß man sie für zwei Knöpf verkaufe könnt."* (Ref., S. 10, V. 22ff)

Ein typisches Merkmal für den südhessischen Dialekt sind dabei die Verschleifungen am Wortende, zum Beispiel *„Sonn"* anstatt Sonne, *„kühle"* anstatt kühler oder *„heut"* anstatt heute. Weiterhin sind bei den Verben im Dramentext häufig auch sogenannte *n*-Aposkopen zu erkennen, wenn die unbetonte Endsilbe -en wegfällt, zum Beispiel *„glänze"* anstatt glänzen oder *„saufe"* anstatt saufen. Zuletzt ist auch die Tilgung des *ch* in *nicht* an vielen Stellen zu beobachten, wodurch nicht zu *„nit"* und nichts zu *„nix"* wird. Ähnliche dialektale Idiome sind Lautverschiebungen in der Mitte oder am Ende des Wortes, wie beispielsweise *„Haber"* anstatt Hafer oder *„deim"* anstatt dein.

Anders als Marie oder Margreth steht Woyzeck aus beruflichen Gründen regelmäßig im Austausch mit den Repräsentanten der Oberschicht. Zwar spricht auch er Dialekt, speziell in seinen Unterhaltungen mit Marie: *„Alles Arbeit unter der Sonn, sogar Schweiß im Schlaf. Wir arme Leut!"* (Ref., S. 16, V. 7f) Jedoch fällt auf, dass er den dialektalen Sprachstil häufig mit Hochdeutsch vermischt, speziell wenn er mit dem Hauptmann und dem Doktor spricht: *„Herr Hauptmann, der liebe Gott wird den armen Wurm nicht drum ansehn, ob das Amen drüber gesagt ist, eh' er gemacht wurde."* (Ref., S. 18, V. 3ff) Auffällig ist, dass Woyzeck gerade dann immer stark in den Dialekt zurückfällt, wenn er unruhig oder nervös ist: *„Sehn sie Herr Doctor, manchmal hat man so n'en Character, so n'e Structur. – Aber mit der Natur ist's was andres, sehn sie mit der Natur"* (Ref., S. 22, V. 14ff). Wenn er sich wegen seiner Wahnvorstellungen fürchtet, verschluckt er sogar ganze Wortsilben, wie beispielsweise in Szene 1: *„S'ist so kurios still. Man möcht den Athem halten. Andres!"* (Ref., S. 9, V. 22f) Je verwirrter er ist, desto wirrer werden auch seine Sätze: *„Andres! ich kann nit schlafen, wenn ich die Augen zumach, dreht sich's immer und ich hör die Geigen, immer zu, immer zu und dann sprichts' aus der Wand, hörst du nix?"* (Ref., S. 30, V. 13ff) Daraus lässt sich schließen, dass Woyzeck durch den Austausch mit der Oberschicht, anders als Marie oder Margreth, zwar die hochdeutsche Ausdrucksweise kennt, sich bei ihrer Verwendung jedoch stark konzentrieren muss. Das ist ihm allerdings häufig nicht möglich, zum einen aufgrund seiner psychischen Krankheit, zum anderen wegen der Verunsicherung durch die systematische Demütigung.

Mögliche Prüfungsfrage

Erklären Sie am Beispiel der Figurenrede Woyzecks die abwechselnde Verwendung von Dialekt-Sprache und Hochdeutsch im Dramentext. Gehen Sie dabei insbesondere auf die Lebensumstände des Protagonisten ein.

Regieanweisungen

Büchner stellt auf der Bühne verschiedene Gesellschaftsschichten und Sprachstile gegenüber. Um seinen Dramentext noch vielschichtiger zu gestalten, verwendet er häufig Regieanweisungen, die verschiedene Funktionen erfüllen. Zum einen beschreiben sie zu Beginn der Szene die Figuren und die jeweilige Situation genauer, was dem Leser trotz der offenen Dramenform zur Orientierung dient, beispielsweise *„Hauptmann auf einem Stuhl, Woyzeck rasirt ihn."* (Ref., S. 16) oder *„Die Fenster offen, Tanz. Bänke vor dem Haus. Burschen."* (Ref., S. 28) Zum anderen erklären sie innerhalb einer Szene die Gestik der Figuren: *„tritt auf ihn los"* (Ref., S. 22) oder *„schlägt sich auf die Brust"* (Ref., S. 31). Seltener geben die Regieanweisungen auch Aufschluss über die zeitliche Verortung des Figurentextes: *„nach einer Pause"* (Ref., S. 10) oder *„allein nach einer Pause"* (Ref., S. 16).

Dabei fällt auf, dass die Regieanweisungen in Bezug auf Woyzeck nicht nur seine Gestik erklären, sondern auch den Klang seiner Stimme illustrieren und dadurch seinen Gemütszustand beschreiben: *„geheimnißvoll"* (Ref., S. 11), *„vertraulich"* (Ref., S. 22) oder *„unruhig"* (Ref., S. 27). Unter anderem veranschaulichen sie damit den fortschreitenden Verlauf seiner psychischen Krankheit. Gegen Ende des Dramas wird besonders häufig seine Gestik beschrieben, da seine hektischen Bewegungen auch die innere Unruhe zeigen: *„er zieht den Rock aus"* (Ref., S. 37), *„er läuft weg"* (Ref., S. 39) oder *„er geht in den Teich und wirft weit"* (Ref., S. 40).

4 Inhaltsangabe

In seinem Sozialdrama *Woyzeck* stellt Georg Büchner das Leben des einfachen Soldaten Franz Woyzeck ins Zentrum und macht damit zum ersten Mal in der Literaturgeschichte einen Repräsentanten der Unterschicht zur tragischen Hauptperson. Anhand der Lebensumstände Woyzecks veranschaulicht Büchner den Überlebenskampf der sozial schwachen und armen Bevölkerungsschicht im Großherzogtum Hessen zur Zeit des deutschen Vormärz. Denn Franz Woyzeck ist arm und widmet sein Leben vollständig der finanziellen Unterstützung seiner Freundin Marie, mit der ein uneheliches Kind hat. Weil Woyzecks Sold allein nicht zur Versorgung seiner Familie ausreicht, muss er als Tagelöhner mit zusätzlichen Arbeiten den Engpass überbrücken. Zum einen ist er der Laufbursche für seinen Hauptmann, zum anderen lässt er sich von einem gefühlskalten Doktor zu Versuchszwecken auf eine Erbsendiät setzen. Obwohl er sein Bestes gibt, durch ehrliche Arbeit Geld zu verdienen, reicht es nur gerade so für den Unterhalt. Ohnehin schon in der Existenzkrise muss Woyzeck immer wieder Demütigung und Spott ertragen. Sowohl vom Hauptmann als auch vom Doktor wird er systematisch erniedrigt, ausgenutzt und lächerlich gemacht. Diese Umstände wirken sich stark auf seine körperliche und psychische Gesundheit aus, er ist chronisch überarbeitet, unterernährt und leidet an einer schizophrenen Psychose. Während er sich größte Mühe gibt, dem gesellschaftlichen Druck standzuhalten und sich sein Zustand dabei immer weiter verschlechtert, findet Marie Gefallen an einem anderen Mann und beginnt eine heimliche Affäre. Als Woyzeck bereits am Rande des Wahnsinns davon erfährt, entführt er seine Freundin in den Wald und ersticht sie mit einem Messer.

4.1 Szenenzusammenfassung

Das Drama besteht aus 25 bzw. 26 einzelnen Szenen und ist nicht in Akte unterteilt. Insgesamt umfasst die dargestellte Handlung etwas mehr als 2 Tage und spielt sich in und um eine Stadt ab, vermutlich im Großherzogtum Hessen zur Zeit des Vormärz. Aufgrund des nur in Fragmenten überlieferten Manuskripts gibt es keine vom Autor festgelegte Anordnung der Szenen. Die folgende Inhaltszusammenfassung richtet sich nach der gängigen Lese- und Bühnenfassung, wie sie beispielsweise vom Reclam-Verlag herausgegeben wird. Zur Orientierung wurde die Handlungsabfolge in fünf Abschnitte unterteilt. Wir beziehen uns hier zur Gänze auf die Referenzausgabe und verzichten daher bei den Seitenangaben auf den Zusatz „Ref.".

Die **Szenen 1–3** zeigen Woyzecks Leben in der Rolle als Versorger seiner Familie, die aufgrund des erheblichen Zeitaufwands eine große psychische Belastung darstellt. Zeitgleich kündigt sich die Affäre zwischen Marie und dem Tambourmajor an. In den **Szenen 4–8** wird die systematische Demütigung deutlich, der Woyzeck aufgrund seines Status als Mitglied der Unterschicht ständig ausgesetzt ist. Währenddessen kommen sich Marie und der Tambourmajor näher, was mittlerweile auch Woyzeck bemerkt. Die **Szenen 9–13** markieren einen Wendepunkt in Bezug auf Woyzecks innerer Einstellung. Als er Marie und dem Tambourmajor im Wirtshaus beim gemeinsamen Tanz erwischt und das Offensichtliche nicht mehr leugnen kann, verfällt er im Wahn der Idee, Marie zu ermorden und sie so für ihren Verrat zu bestrafen. In den **Szenen 14–17** setzt Woyzeck seine Mordpläne in die Tat um und bereitet sich auf die Strafe vor, die er voraussichtlich für das geplante Verbrechen erhalten wird. Die **Szenen 19–25** bzw. **26** bilden schließlich den Mordkomplex, in dem Woyzeck Marie mit einem Messer im Wald ersticht. Während der Mord sich herumspricht, macht Woyzeck sich mehrfach verdächtig. Das offene Ende des Dramas stellt in Aussicht, dass Woyzeck als Maries Mörder bereits identifiziert wurde und für seine Tat vermutlich die Todesstrafe erhalten wird.

4.1.1 Abend: Szenen 1–3

| **Szene 1**: Freies Feld

Woyzeck und Andres befinden sich auf einem Feld vor der Stadt, die *„in der Ferne"* (S. 9, V. 2) zu sehen ist. Gemeinsam schneiden sie Stöcke, wobei unklar bleibt, zu welchem Zweck. Möglicherweise müssen sie diese Aufgabe im Rahmen ihres Militärdienstes leisten, denn Andres ist ebenfalls Soldat. Woyzeck eröffnet seinem Freund gleich zu Beginn seine Angstvisionen, wenn er von einem *„Streif da über das Gras hin"* (S. 9, V. 5f) spricht. Er ist davon überzeugt, dass die Freimaurer ihn verfolgen. Die Abenddämmerung schafft eine gespenstische Stille. Andres versucht daher, sich durch das Singen eines Kinderliedes zu beruhigen. Doch Woyzeck sieht plötzlich ein helles Feuer am Horizont, hört laute Posaunen, erschreckt sich und reißt Andres ins Gebüsch. Dieser hat jetzt ebenfalls Angst: *„Ich fürcht mich."* (S. 9, V. 21) Nach einer Weile unterbricht Andres die Stille: *„Woyzeck! hörst du's noch?"* (S. 10, V. 1f) Woyzeck antwortet, jetzt sei alles ruhig, *„als wär die Welt todt"* (S. 10, V. 3). Andres weist ihn darauf hin, dass man aus der Stadt die Trommeln hören kann. Das heißt, dass die Soldaten in die Kaserne zurückkehren müssen.

Szenenanalyse & Interpretation

Büchner versetzt seinen Protagonisten gleich zu Beginn des Dramas in eine apokalyptische Totenlandschaft. In der Abenddämmerung erkennt Woyzeck in den über dem Feld liegenden Nebelschwaden schaurige Geister. Im hohlen Boden vermutet er die Freimaurer, die ihn verfolgen. Das Ziel der Freimaurerei ist die Verbreitung aufklärerischen Gedankenguts, speziell in Bezug auf die Grundsätze Freiheit, Gleichheit, Brüderlichkeit und Toleranz. Mit Woyzecks Ausspruch *„da rollt Abends der Kopf"* (S. 9, V. 6) spielt Büchner also auf die an der Guillotine durchgeführten Hinrichtungen während der Französischen Revolution an. Für Woyzeck ist die Feldlandschaft ein gefährliches und blutiges Terrain, er leidet unter starken Wahnvorstellungen. Seine Angst vor einer Enthauptung ist darüber hinaus eine Vorahnung in Bezug auf sein eigenes Schicksal.

Neben Geistern und Freimaurern sieht Woyzeck plötzlich den Horizont brennen: *„Ein Feuer fährt um den Himmel"* (S. 9, V. 26). Sein Ausspruch ähnelt einer Passage in der Offenbarung des Johannes aus dem Neuen Testament, in der das Ende der Welt angekündigt wird. Er fühlt sich von übernatürlichen Mächten getrieben und verfolgt: *„Es geht hinter mir, unter mir"* (S. 9, V. 18). Sobald Andres nicht mehr singt, wird es auf dem Feld still und Woyzeck hört ein *„Getös [...] wie Posaunen"* (S. 9, V. 27). Umgekehrt spricht er kurz darauf von einer Totenstille, obwohl aus der

Stadt die Trommeln zu hören sind. Das zeigt, dass Woyzeck bereits zu Beginn des Dramas unter Realitätsverlust leidet.

Szene 2: Marie am Fenster

Marie hat ihr Kind auf dem Arm und steht drinnen am Fenster. Gemeinsam mit der Nachbarin Margreth, die vor dem Fenster steht, beobachtet sie auf der Straße die im Rahmen einer Militärzeremonie vorbeiziehenden Soldaten. Der Tambourmajor geht voran und erweckt durch sein männliches und selbstbewusstes Auftreten sofort Margreths Aufmerksamkeit: *„Was ein Mann, wie ein Baum."* (S. 10, V. 13) Auch Marie findet Gefallen an ihm und vergleicht seine Statur mit der eines Löwen. Der Tambourmajor hat offenbar bemerkt, dass die Frauen ihn mustern und grüßt sie im Vorbeigehen. Marie gefällt das sehr, Margreth kommentiert ihren entzückten Gesichtsausdruck: *„Ihre Auge glänze ja noch."* (S. 10, V. 21) Im Anschluss beginnt Margreth eine Auseinandersetzung, indem sie Maries sexuelle Freizügigkeit zur Sprache bringt: *„sie guckt 7 Paar lederne Hose durch."* (S. 10, V. 26f) Marie ist verärgert und schlägt prompt das Fenster zu, um das Gespräch zu beenden.

Im Zimmer singt sie ihrem Sohn ein Lied vor. Mit der ersten Strophe beschreibt sie ihre eigene Situation: *„Mädel, was fangst du jezt an / Hast ein klein Kind und kein Mann"* (S. 11, V. 5f). Trotzdem bereitet das Kind ihr Freude, Margreths Kommentar interessiert sie nur wenig, denn sie versteht ohnehin nicht, *[w]as die Leut wollen"* (S. 11, V. 2). Woyzeck klopft am Fenster. Marie bittet ihn herein, doch er hat keine Zeit, er muss *„zum Verles"* (S. 11, V. 19). Die finsteren Visionen plagen ihn noch immer und er fühlt sich weiterhin verfolgt, was er seiner Freundin gegenüber andeutet: *„Marie, es war wieder was"* (S. 11, V. 21f). Mit den Worten *„Ich muß fort"* (S. 11, V. 29) geht er einfach weiter. Marie bemerkt, dass Woyzeck neben sich steht: *„Der Mann! So vergeistert. [...] Er schnappt noch über mit den Gedanken."* (S. 11, V. 30ff) Vom Fenster aus betrachtet sie die mittlerweile dunkel gewordene Straße und fürchtet sich plötzlich auch.

Szenenanalyse & Interpretation

In der zweiten Szene bahnt sich die Affäre zwischen Marie und dem Tambourmajor bereits an. Dafür kontrastiert Büchner die beiden Männer, indem er Marie zuerst auf den Tambourmajor und anschließend auf Woyzeck treffen lässt. Zu Beginn der Szene beobachten Marie und Margreth den stattlichen Tambourmajor, der als Anführer des Soldatenumzugs ganz vorne geht. Im Gegensatz zu Woyzeck hat er eine ansprechende äußere Erscheinung und eine angesehene gesellschaftliche Stellung. Marie beobachtet ihn mit glänzenden Augen, was laut Margreth für sie eher untypisch ist: *„so was is man an ihr nit gewöhnt."* (S. 10, V. 17)

Ganz anders verhält es sich mit der Begegnung zwischen Woyzeck und Marie. Weil Woyzeck nur ein einfacher Soldat ist, marschiert er im Umzug weiter hinten und kommt daher später an Maries Fenster vorbei. Man merkt ihm an, dass ihn etwas beschäftigt, er ist durcheinander und erzählt ihr *„geheimnißvoll"* (S. 11, V. 21) von seinem Verfolgungswahn. Bevor Marie weiß, was sie dazu sagen soll, ist Woyzeck schon weitergegangen. Sie bemerkt auch, dass er *„sein Kind nicht angesehn"* (S. 11, V. 30f) hat. Ähnlich wie bei Andres in Szene 1 hat Woyzecks düsteres Gerede ihr Angst eingejagt: *„Ich halt's nicht aus. Es schaudert mich."* (S. 12, V. 4)

Der Streit zwischen Margreth und Marie spielt auf Maries Situation als Mutter eines unehelichen Kindes an, wofür sie klar von der Gesellschaft verurteilt wird. Marie und Woyzeck gehören zur armen Unterschicht, weshalb sie sich die Eheschließung nicht leisten können. Obwohl Margreth

ebenfalls ihren Gefallen am Tambourmajor bekundet hat, stellt sie Marie als sprunghaft und triebgesteuert dar. Allerdings erkennt auch Marie ihren gesellschaftlichen Status an, wenn sie ihren
Sohn als *„arm Hurenkind"* (S. 11, V. 3) bezeichnet. Darüber hinaus hat sie keine Hemmungen,
mit Margreth über den Tambourmajor zu sprechen. Vermutlich ist ihr bewusst, dass sie an ihren
Umständen nichts ändern kann.

Szene 3: auf dem Jahrmarkt

Woyzeck und Marie besuchen noch am selben Abend einen Jahrmarkt. Woyzeck scheint fröhlich
und entspannt, spricht von einer *„[s]chöne[n] Welt"* (S. 12, V. 14). Ein Ausrufer preist verschiedene
Attraktionen an, zu sehen sind exotische Tiere, die verschiedene Kunststücke vorführen. Eine
Vorstellung wird angekündigt: *„Sehn Sie die Fortschritte der Civilisation. Alles schreitet fort, ein
Pferd, ein Aff, ein Canaillevogel."* (S. 13, V. 3f) Woyzeck schlägt vor, zuzusehen und Marie willigt
ein.

Auch der Tambourmajor und ein Unteroffizier sind auf dem Jahrmarkt, von weitem beobachten
sie Marie und sprechen über ihre erotische Ausstrahlung: *„Was ein Weibsbild."* (S. 13, V. 15f) Der
Tambourmajor ist von Marie äußerst angetan, er ist sich sicher, dass sie sich hervorragend *„zur
Zucht von Tambourmajors"* (S. 13, V. 18) eignen würde. Er und der Unteroffizier folgen Woyzeck
und Marie in die Vorstellung. Im Inneren der Bude führt ein Marktschreier an einem Pferd die Kunst
der *„Viehsionomik"* (S. 14, V. 13) vor, das Tier sei eigentlich ein *„verwandelter Mensch"* (S. 14, V.
24f). Das Pferd soll für das Publikum die Uhr lesen, weshalb der Marktschreier nach einer Taschenuhr verlangt. Der Tambourmajor, der weit vorne steht, zieht seine Uhr mit einer ausladenden
Geste aus der Tasche: *„Da mein Herr."* (S. 14, V. 28) Damit macht er Marie auf sich aufmerksam,
weshalb sie sich mit den Worten *„[d]as muß ich sehn"* (S. 14, V. 29) nach vorne drängelt.

Szenenanalyse & Interpretation

Auf dem Jahrmarkt erscheint eine andere Version Woyzecks. Er ist ausgelassen und erfreut sich
an den dargebotenen Attraktionen: *„He! Hopsa!"* (S. 12, V. 10) Anders als in der 2. Szene geht er
auf Marie ein, erkundigt sich nach ihren Wünschen: *„Willst du?"* (S. 13, V. 10) Auf dem Jahrmarkt
bietet sich dem jungen Paar ausnahmsweise die Gelegenheit, die harten Lebensumstände einen
Abend lang zu vergessen und sich in der Vorstellung zu amüsieren, was insbesondere Marie sehr
gefällt: *„Das muß schön Dings seyn."* (S. 13, V. 11)

Anders als die anderen Szenen bedient die Jahrmarktsszene nicht nur die inhaltliche Ebene, sondern verarbeitet darüber hinaus intermedial historische Bezüge zugunsten der Theatralität. In den
Passagen von Ausrufer und Marktschreier ist Büchners kritische Haltung zu Gesellschaft und Wissenschaft deutlich lesbar. Der Ausrufer macht sich über den Affen lustig, der ebenso wie der Soldat
zur *„unterst Stuf von menschliche Geschlecht"* (S. 13, V. 5f) gehört. Im Inneren der Bude führt der
Marktschreier die *„Viehsionomik"* (S. 14, V. 13) vor, eine Paronomasie des Wortes Physiognomik.
Als Physiognomik bezeichnet man den Versuch, von den äußeren körperlichen Eigenschaften auf
die seelischen Eigenschaften eines Menschen zu schließen, insbesondere in Bezug auf dessen
Charakterzüge. Büchner spielt hier auf die fehlende Differenzierung zwischen der biologischen
Natur des Menschen und der menschlichen Psyche im zeitgenössischen Wissenschaftsdiskurs
an. Aber auch sein atheistisches Menschenbild verarbeitet Büchner in der Szene. Von Natur aus
ist der Mensch nur *„Staub, Sand, Dreck."* (S. 14, V. 20) Wenn er spöttisch von einer *„viehische[n]
Vernünftigkeit"* (S. 14, V. 2f) schreibt, die aus einem Pferd einen *„Professor an mehreren Univer-
sitäten [macht] wo die Studenten bey ihm reiten und schlagen lernen"* (S. 14, V. 6ff), hebt er die

gemäß der zeitgenössischen Auffassung gängige Unterscheidung von Mensch und Tier auf. Der Mensch ist kein von Gott gemachtes Wesen, sondern hat seinen Ursprung ebenfalls in der Natur.

Zuletzt findet in der Szene die erste persönliche Begegnung zwischen Marie und dem Tambourmajor statt. Eine Uhr war damals ein Statussymbol, das sich nicht jeder leisten konnte. Der Tambourmajor nutzt also die Frage des Marktschreiers gezielt aus, um seinen Wohlstand zu demonstrieren und Maries Aufmerksamkeit zu erlangen. Sie klettert sogleich zu ihm nach vorne, unter dem Vorwand, das Spektakel aus der Nähe sehen zu wollen. Marie und der Tambourmajor können sich also in der Öffentlichkeit nah sein, ohne dass es unangebracht oder auffällig wäre.

4.1.2 Vormittag: Szenen 4–8

| **Szene 4**: Marie zu Hause

Marie sitzt zu Hause und hat ihren Sohn auf dem Schoß. In den Händen hält sie einen Spiegel, in dem sie ihre schönen Ohrringe betrachtet: *„Was die Steine glänzen!"* (S. 15, V. 5) Weil sie das Kind zum Schlafen bringen will, singt sie ihm ein Lied über ein Mädchen, das mit einem *„Zigeunerbu /[...] [f]ort in's Zigeunerland"* (S. 15, V. 11ff) geht. Sie beschwert sich über die ungerechte Situation, der sie als *„arm Weibsbild"* (S. 15, V. 20) ausgesetzt ist und vergleicht sich mit den *„großen Madamen"* (S. 15, V. 17), mit denen sie einzig ihr äußeres Erscheinungsbild gemeinsam hat. Als Woyzeck plötzlich ins Zimmer tritt, erschrickt sie sich und *„fährt [...] mit den Händen nach den Ohren"* (S. 15, V. 25f), um die Ohrringe vor ihm zu verstecken. Woyzeck bemerkt ihre hastige Geste: *„Was hast du?"* (S. 15, V. 27) Marie antwortet, dass da nichts wäre, doch Woyzeck stellt fest: *„Unter deinen Fingern glänzt's ja."* (S. 15, V. 29) Schließlich zeigt sie ihm die Ohrringe doch und behauptet, sie hätte sie gefunden. Woyzeck wird misstrauisch und will ihr nicht so recht glauben: *„Ich hab' so noch nix gefunden"* (S. 16, V. 1). Marie reagiert heftig, weshalb Woyzeck sich sofort dem schlafenden Kind zuwendet. Er will einer Auseinandersetzung aus dem Weg gehen: *„S'ist gut, Marie."* (S. 16, V. 4) Stattdessen gibt er ihr Geld für den Unterhalt und verabschiedet sich gleich wieder: *„Ich muß fort."* (S. 16, V. 11) Als er weg ist, hat Marie ein schlechtes Gewissen: *„ich bin doch ein schlecht Mensch."* (S. 16, V. 13f)

Szenenanalyse & Interpretation

Die Ohrringe hat Marie vom Tambourmajor geschenkt bekommen: *„Was sind's für? Was hat er gesagt?"* (S. 15, V. 6) Offenbar hatte sie mittlerweile Gelegenheit, sich mit ihrem heimlichen Verehrer zu unterhalten. Woyzeck könnte sich ein so teures Geschenk nicht leisten. Marie gefällt es sehr, ebenso wie die reichen und schönen Damen von *„ihren schönen Herrn"* (S. 15, V. 18f) umworben zu werden. Insbesondere durch das Lied drückt sie ihre Sehnsucht aus, ihr jetziges Leben hinter sich zu lassen und (mit dem Tambourmajor) von vorne anzufangen. Denn aufgrund ihrer sozialen Stellung steht sie am Rande der Gesellschaft und ist mit ihrer Situation äußerst unzufrieden: *„Unsereins hat nur ein Eckchen in der Welt"* (S. 15, V. 14f). Das *„Stückchen Spiegel"* (S. 15, V. 4) in ihrer Hand betont den Gegensatz zwischen ihr und den vornehmen Damen der Oberschicht, die sich große Ganzkörperspiegel leisten können. Marie wünscht sich den sozialen Aufstieg und erhofft sich durch die Affäre mit dem Tambourmajor die Möglichkeit dazu. Denn es ist nicht absehbar, dass sich ihre Lebensumstände mit Woyzeck an ihrer Seite je ändern werden.

Als Woyzeck hereinkommt, lässt er ihre Träumerei von einem besseren Leben zerplatzen und holt sie in die Realität zurück. Marie versucht, die Ohrringe vor Woyzeck zu verbergen. Dieser spürt vermutlich schon, dass sich etwas anbahnt. Marie lügt ihn zweimal an. Während er ihr zwar nicht glaubt, dass sie nichts in den Händen hält und damit die erste Lüge entlarvt, kann sie ihn durch die zweite Lüge beschwichtigen. Woyzeck ist zwar irritiert, doch er vertraut Marie noch stark. Daher wechselt er das Thema, wendet sich seinem Sohn zu und sorgt sich um ihn. Eigentlich ist er nur vorbeigekommen, um Marie Geld zu bringen. Obwohl er ihr alles gibt, was er verdient, reicht es kaum zum Leben. Dadurch sieht Marie, wie bemüht und fürsorglich Woyzeck eigentlich ist und fühlt sich schuldig, weil sie nur an sich und ihre eigenen Bedürfnisse denkt. Doch diese Gedanken verwirft sie sofort wieder, denn auf der Welt geht sowieso *„[a]lles zum Teufel, Mann und Weib"* (S. 16, V. 15f). Mit ihrer fatalistischen Einstellung rechtfertigt sie ihr Fehlverhalten vor sich selbst, um ihr Gewissen zu beruhigen und keine Konsequenzen aus ihrem Betrug an Woyzeck ziehen zu müssen.

Szene 5: beim Hauptmann

Woyzeck rasiert den Hauptmann, der vor ihm auf dem Rasierstuhl sitzt. Gleich zu Beginn wird er ermahnt, sich dabei nicht so zu hetzen: *„Langsam, Woyzeck, langsam; ein's nach dem andern"* (S. 16, V. 21f). Der Hauptmann hätte sowieso nur Langeweile, wenn Woyzeck zu früh mit der Rasur fertig würde: *„Was soll ich dann mit den zehn Minuten anfangen"* (S. 16, V. 23f). Außerdem hat Woyzeck auch noch *„seine schöne dreißig Jahr zu leben"* (S. 16, V. 25f), weshalb er gut beraten wäre, sich seine Zeit sorgsam einzuteilen. Während der Hauptmann so vor sich hin redet, rasiert Woyzeck ihn weiter und antwortet ihm, ohne konkret darauf einzugehen: *„Ja wohl, Herr Hauptmann."* (S. 17, V. 3) Der Hauptmann braucht immer eine Beschäftigung, um nicht in Langeweile zu verfallen: *„Es wird mir ganz angst um die Welt, wenn ich an die Ewigkeit denke."* (S. 17, V. 4f) Dass *„sich die Welt in einem Tag herumdreht"* (S. 17, V. 10f), hält er für eine große sinnlose Zeitverschwendung. Bei dem Gedanken daran wird er ganz *„melancholisch"* (S. 17, V. 13). Auch darauf antwortet Woyzeck wieder: *„Ja wohl, Herr Hauptmann."* (S. 17, V. 14)

Daraufhin beschwert sich der Hauptmann über Woyzeck: *„er sieht immer so verhetzt aus, Ein guter Mensch thut das nicht"* (S. 17, 15f). Außerdem hat Woyzeck *„keine Moral"* (S. 17, V. 30), weil sein Sohn *„ohne den Segen der Kirche"* (S. 17, V. 32) aufwächst. Als der Hauptmann damit seine Familie angreift, reagiert Woyzeck zum ersten Mal inhaltlich und widerspricht ihm: *„der liebe Gott wird den armen Wurm nicht drum ansehn, ob das Amen drüber gesagt ist"* (S. 18, V. 3ff). Diese *„kuriose Antwort"* (S. 18, V. 9) gefällt dem Hauptmann allerdings gar nicht und macht ihn *„ganz confus"* (S. 18, V. 9). Woyzeck fährt fort, dass er sich als armer Mann die Frage nach moralischen Handlungen nicht leisten kann: *„Man hat auch sein Fleisch und Blut."* (S. 18, V. 15) Daraus schließt der Hauptmann: *„Woyzeck er hat keine Tugend, er ist kein tugendhafter Mensch."* (S. 18, V. 19f) Trotz dessen sei er fest davon überzeugt, dass Woyzeck ein guter Mensch ist, wie er wohlwollend wiederholt. Woyzeck entgegnet, dass die *„gemeinen Leut"* (S. 18, V. 30f) sich auch die Frage nach der Tugendhaftigkeit nicht leisten können, aber *„wenn [er] ein Herr wär [...] und könnt vornehm reden, [er] wollt schon tugendhaft seyn"* (S. 18, V. 32ff). Die Unterhaltung hat den Hauptmann *„ganz angegriffen"* (S. 19, V. 9), wie er zum Schluss anmerkt. Er fordert Woyzeck auf, jetzt zu gehen, *„langsam hübsch langsam die Straße hinunter"* (S. 19, V. 10f).

Szenenanalyse & Interpretation

Die sogenannte **Rasierszene** ist eine **Schlüsselszene** im Drama. Büchner lässt hier zwei Menschen aus verschiedenen Gesellschaftsschichten aufeinandertreffen. Dieser starke Kontrast betont noch einmal die miserablen Lebensumstände Woyzecks. Gleichzeitig übt Büchner Kritik an der sozialen Ungleichheit.

Zu Beginn sind die Redeanteile noch sehr unterschiedlich verteilt; während sich der Hauptmann über Woyzecks Unruhe beschwert und ohne Verstand und Tiefe über Zeit und Ewigkeit philosophiert, konzentriert Woyzeck sich resigniert auf die Rasur und bestätigt dem Hauptmann seine Teilhabe am Gespräch nur durch ein gelegentliches *„Ja wohl, Herr Hauptmann."* (z. B. S. 17, V. 3) Der Hauptmann beklagt sich darüber, Zeit im Überfluss zu haben und von der ständigen Wiederholung derselben Tätigkeiten schrecklich gelangweilt zu sein: *„ich kann kein Mühlrad mehr sehn, oder ich werd' melancholisch."* (S. 17, V. 12f) Denn er besitzt genug Geld, um andere für sich arbeiten zu lassen und muss daher die meiste Zeit keine Energie in seinen Beruf als Hauptmann stecken. Mit diesen Worten zeigt er sich Woyzeck gegenüber sehr herablassend und unsensibel, der andauernd hart arbeiten muss, um sein Leben finanzieren zu können. Denn auch die Rasur des Hauptmanns ist eine der zusätzlichen Tätigkeiten, die Woyzeck für die Versorgung seiner Familie auf sich nehmen muss. Man kann davon ausgehen, dass der Hauptmann über Woyzecks Lage durchaus Bescheid weiß, weshalb die Frage, was er *„denn mit der ungeheuren Zeit all anfangen"* (S. 16, V. 27f) will, eigentlich eine Beleidigung ist. Denn Woyzeck beeilt sich nur deswegen mit der Rasur, weil er möglichst schnell mit der nächsten Arbeit weitermachen will, dem Ernährungsexperiment beim Doktor. Die Freizeit, über die sich der Hauptmann beklagt, kann er sich überhaupt nicht leisten.

Woyzeck geht auf diese Kränkung allerdings nicht weiter ein, vermutlich, weil er keine Zeit verschwenden und seine Arbeit als Laufbursche für den Hauptmann nicht aufs Spiel setzen will. Das nimmt der Hauptmann zum Anlass, ihn weiter zu demütigen, um eine Reaktion zu provozieren. Er will Woyzeck gezielt erniedrigen, weil er ihm unterlegen ist und sich nicht wehren kann. Das veranschaulicht den schlechten Charakter des Hauptmanns und darüber hinaus auch seine Langeweile. Weil er sein Haus heute noch nicht verlassen hat, fragt er Woyzeck nach dem Wetter draußen, der wieder nur knapp antwortet: *„Schlimm, Herr Hauptmann, schlimm; Wind."* (S. 17, V. 19f) Der Hauptmann geht darauf ein und bereitet seine nächste Demütigung vor, indem er Woyzeck eine nicht mögliche Windrichtung nennt: *„Ich glaub' wir haben so was aus Süd-Nord."* (S. 17, V. 23f) Als Woyzeck ihm wieder mit einem *„Ja wohl"* recht gibt, lacht der Hauptmann ihn lautstark aus: *„Ha! ha! ha! Süd-Nord! Ha! Ha! Ha!"* (S. 17, V. 26f) Woyzeck sei *„dumm, ganz abscheulich dumm"* (S. 17, V. 27).

Erst als der Hauptmann Woyzecks Familie direkt angreift, nimmt dieser wirklich am Gespräch teil. Die Redeanteile sind jetzt ausgeglichen. Trotzdem geht der Hauptmann nahezu überhaupt nicht auf Woyzecks Antworten ein, sondern betont laufend dessen fehlende Moral bzw. Tugend. Woyzeck rechtfertigt sich mit seinen ausweglosen Verhältnissen und dem fehlenden Geld. Für ihn stehen Tugend und Moral in direktem Zusammenhang mit den Lebensumständen eines Menschen. Weiterhin verteidigt er sich mit dem Argument, er hätte auch *„sein Fleisch und Blut"* (S. 18, V. 15), womit er auf die natürlichen Triebe des Menschen anspielt. Der Hauptmann versteht ihn allerdings nicht und entgegnet, er hätte auch Fleisch und Blut. Denn ihm käme schließlich auch *„die Liebe"* (S. 18, V. 24), wenn er den Mädchen auf der Straße vom Fenster aus nachsieht. Was für Woyzeck Instinkt bzw. Trieb ist, definiert der Hauptmann als Liebe, was erneut die beiden Figuren kontrastiert.

Der Hauptmann hält sich selbst für einen äußerst tugendhaften und guten Menschen und grenzt sich deswegen von Woyzeck ab. Er dominiert das gesamte Gespräch und redet mit Woyzeck ausschließlich im Befehlston. Teilweise spricht er sogar in der dritten Person von ihm, wie als wäre er gar nicht da: *„Was sagt er da? [...] Wenn ich sag: er, so mein ich ihn, ihn"* (S. 18, V. 8ff). Weiterhin verwendet er häufig Imperative, um Woyzeck zu sagen, was er tun soll: *„Red' er doch was Woyzeck."* (S. 17, V. 17f) oder *„Theil er sich ein, Woyzeck."* (S. 17, V. 1f) Umgekehrt symbolisiert Woyzecks Sprache Unterwürfigkeit und Gehorsam, wenn er den Hauptmann immer mit *„Sie"* und

„*Herr Hauptmann*" anspricht und dessen Äußerungen bestätigt: „*Ja wohl, Herr Hauptmann.*" (S. 17, V. 3) Von sich selbst spricht er meist nur im Plural, wobei er sich intuitiv der armen Bevölkerungsschicht zuordnet: „*Wir arme Leut.*" (S. 18, V. 12) Weil beide Figuren eigentlich nur aneinander vorbeireden und kein gemeinsames Gesprächsziel vorhanden ist, liegt zwischen Woyzeck und dem Hauptmann eine asymmetrische Kommunikation vor, die letztlich zu keinem Ergebnis führt. Der Hauptmann hat das Gespräch begonnen und beendet es auch wieder, indem er Woyzeck wegschickt.

Zwar spricht der Hauptmann in scheinbar gehobener Sprache, dennoch sind seine Äußerungen durch zahlreiche Gedankenabbrüche, inhaltslose Plattitüden und Tautologien gekennzeichnet. Er wirft Woyzeck vor, keine Moral zu haben, ist aber selbst auch nicht in der Lage, den Begriff zu definieren: „*Moral das ist wenn man moralisch ist, versteht er. Es ist ein gutes Wort.*" (S. 17, V. 30f) Wenn er über die Zeit philosophiert, fällt ihm nur ein: „*Beschäftigung, Woyzeck, Beschäftigung! ewig das ist ewig, das ist ewig, das siehst du ein*" (S. 17, V. 5ff). Der Hauptmann ist von seiner Intelligenz überzeugt, womit er auch seine herablassende Haltung gegenüber Woyzeck rechtfertigt. Woyzecks Argumente hingegen ergeben bei genauer Betrachtung eigentlich Sinn, beispielsweise zitiert er aus der Bibel, als der Hauptmann auf sein uneheliches Kind zu sprechen kommt: „*Der Herr sprach: lasset die Kindlein zu mir kommen.*" (S. 18, V. 6f) Der Hauptmann ist mit dieser Schlagfertigkeit zunächst völlig überfordert: „*Er macht mich ganz confus mit seiner Antwort.*" (S. 18, V. 9f) Obwohl Woyzeck - anders als der Hauptmann - sein Wissen also konkret einordnen und anwenden kann, fehlt ihm die nötige Bildung, um sich präzise auszudrücken. Seine Sätze sind kurz, teilweise durcheinander und elliptisch sowie grammatikalisch nicht richtig. Daher versteht der Hauptmann ihn nicht, bezeichnet ihn als dumm und macht sich über ihn lustig. Büchner spielt hier auf die ungleiche Verteilung von Bildung und Reichtum in der Gesellschaft an und nimmt eine satirische Umkehrung der realen Herrschaftsverhältnisse vor. Obwohl der Hauptmann in die Oberschicht hineingeboren wurde und vermutlich alle finanziellen Privilegien sowie eine gute Ausbildung genossen hat, ist er nicht intelligent und kein guter Mensch. Der arme und ungebildete Woyzeck hingegen kann ihm zumindest inhaltlich argumentativ standhalten.

Mögliche Prüfungsfragen

1. Beschreiben Sie jeweils die Argumentationsstruktur Woyzecks und des Hauptmanns in der Rasierszene mit Belegen aus dem Dramentext. Vergleichen Sie dabei auch die sprachliche Gestaltung der Figurenrede und verwenden Sie dazu die Informationen zur Sprache im *Woyzeck* aus Kap. 3.2.

2. Interpretieren Sie die Rasierszene vor dem Hintergrund Büchners programmatischer Kunstauffassung. Verwenden Sie dazu die Informationen zur Rezeptionsgeschichte aus Kap. 1.3.

Szene 6: Straße oder Gasse

Marie ist draußen auf der Straße, als der Tambourmajor sie anspricht. Sie betrachtet ihn „*mit Ausdruck*" (S. 19, V. 16) und vergleicht ihn erneut mit einem Stier und einem Löwen: „*So ist keiner*" (S. 19, V. 18). Sie ist „*stolz*" (S. 19, V. 19), einen so stattlichen Mann ihren Liebhaber nennen zu dürfen. Der Tambourmajor fühlt sich geschmeichelt und geht auf Maries Kompliment ein, um ihr zu imponieren. Wenn er sonntags erst seine Paradeuniform mit dem „*großen Federbusch [...] und [den] weißen Handschuh*" (S. 19, V. 21f) trägt, bekäme er meist sogar die Anerkennung des Prinzen. Marie reagiert auf diese Selbstinszenierung „*spöttisch*" (S. 19, V. 24): „*Ach was!*" (S. 19,

V. 24) Der Tambourmajor geht darauf nicht weiter ein, sondern kommentiert stattdessen Maries Schönheit. Im Zuge dessen drückt er seine Absicht aus, mit ihr Geschlechtsverkehr haben zu wollen: *„Sapperment, wir wollen eine Zucht von Tambour-Major's anlegen. He?"* (S. 19, V. 27f) Dabei umarmt er sie, worauf Marie allerdings zuerst abweisend reagiert: *„Laß mich!"* (S. 20, V. 1) Aber der Tambourmajor lässt sie nicht los, sondern bezeichnet sie als *„Wild Thier"* (S. 20, V. 2). Plötzlich reagiert Marie mit heftiger Zuwendung und bittet ihn: *„Rühr mich an!"* (S. 20, V. 3)

Szenenanalyse & Interpretation

Marie ist immer noch sehr angetan vom äußeren Erscheinungsbild des Tambourmajors. Ebenso wie in der Unterhaltung mit Margreth aus Szene 2 vergleicht sie ihn mit männlichen und starken Tieren, was ihren Sexualtrieb veranschaulicht. Auch der Tambourmajor ist vor allem an Maries Aussehen interessiert, anders als sie äußert er aber sehr direkt den Wunsch nach Sex. Marie weist seine Umarmung zuerst zurück und fordert sie sogleich heftig ein, was der Tambourmajor als kokettes Paarungsspiel auffasst. Das Gespräch veranschaulicht also die sexuelle Anziehung und Erregung zwischen den beiden, die wiederum bei Marie und Woyzeck nicht vorhanden ist. Allerdings bleibt die Unterhaltung nur oberflächlich und hat keinen tiefergehenden Inhalt, denn bei der Affäre handelt es sich nicht um eine Liebesbeziehung.

Szene 7: Straße oder Gasse

Marie ist immer noch auf der Straße, der Tambourmajor hat sich gerade verabschiedet. Woyzeck hat die beiden zusammen gesehen, weshalb er Marie sofort kopfschüttelnd anspricht: *„O, man müßt's sehen, man müßt's greifen können mit Fäusten."* (S. 20, V. 11ff) Er vermutet bereits, dass sie ihn betrügt und kann es kaum fassen. Marie antwortet ihm eingeschüchtert, er sei *„hirnwüthig"* (S. 20, V. 15). Doch Woyzeck wird noch deutlicher, als er von einer *„Sünde so dick und so breit"* (S. 20, V. 16) spricht. Er kommentiert Maries *„rothen Mund"* (S. 20, V. 18f), womit er auf ihre von den Küssen des Tambourmajors noch geröteten Lippen anspielt: *„Keine Blasen drauf?"* (S. 20, V. 19) Marie streitet dies weiter ab: *„Franz du red'st im Fieber."* (S. 20, V. 22) Woyzeck insistiert, er habe den Tambourmajor ganz deutlich dort stehen sehen. Marie weicht erneut aus: *„Man kann viel sehn, wenn man 2 Augen hat und man nicht blind ist"* (S. 20, V. 28f). Aber Woyzeck lässt nicht locker, bis Marie schließlich indirekt zugibt: *„Und wenn auch."* (S. 21, V. 2)

Szenenanalyse & Interpretation

Marie hat ihre Entscheidung bereits getroffen und fügt sich ihrem Schicksal. Zu Beginn des Dramas schien sie in Bezug auf ihre Affäre mit dem Tambourmajor noch unentschlossen und hatte ein schlechtes Gewissen. Mittlerweile trifft sie sich in der Öffentlichkeit mit ihm und riskiert, dass man sie zusammen sehen könnte. Weil sie Woyzecks Verdacht in Szene 4 eigentlich schon durch das Verstecken der Ohrringe bestätigt hat, ist es sinnlos, den Betrug abzustreiten, besonders weil Woyzeck sie eben eigens mit dem Tambourmajor gesehen hat. Trotzdem wirft sie ihm zunächst Wahnvorstellungen vor, um von sich abzulenken. Doch anders als in Szene 4 lässt er ihre Ausflüchte nicht mehr gelten. Obwohl Marie kein schlechtes Gewissen mehr hat, will sie die Affäre immer noch nicht zugeben, weil sie dennoch auf Woyzecks finanzielle Unterstützung angewiesen ist.

Szene 8: beim Doktor

Woyzeck trifft beim Doktor ein, gegen Bezahlung nimmt er an seinem Ernährungsexperiment teil. Dafür muss er regelmäßig Urin abgeben. Zu Beginn der Szene ist der Doktor sehr unzufrieden mit Woyzeck, weil er vom Fenster aus beobachtet hat, wie Woyzeck *„auf die Straß gepißt, an die Wand gepißt [hat] wie ein Hund"* (S. 21, V. 8f). Dennoch erhält dieser weiter seine Bezahlung: *„Woyzeck das ist schlecht"* (S. 21, V. 10f). Woyzeck verteidigt sich: *„Aber Herr Doctor, wenn einem die Natur kommt."* (S. 21, V. 12f) Der Doktor hat dafür kein Verständnis und beruft sich auf seine Forschung, gemäß der man den Blasenschließmuskel durch den eigenen Willen kontrollieren kann: *„Woyzeck, der Mensch ist frei, in dem Menschen verklärt sich die Individualität zur Freiheit."* (S. 21, V. 17ff)

Daraufhin will der Doktor wissen, ob Woyzeck schon seine Erbsen gegessen hat und fordert ihn erneut zur Urinabgabe auf: *„Woyzeck muß er nicht wieder pissen?"* (S. 21, V. 26). Woyzeck entgegnet: *„Ich kann nit Herr Doctor."* (S. 21, V. 28), woraufhin der Doktor wütend wird und auf ihn eintritt. Woyzeck habe die schriftliche Vereinbarung nicht eingehalten. Gleich darauf wird er sich seiner Aggression bewusst und versucht, sich selbst zu beruhigen: *„Nein Woyzeck, ich ärgere mich nicht, Aerger ist ungesund, ist unwissenschaftlich. Ich bin ruhig ganz ruhig"* (S. 22, V. 5ff). Woyzeck versucht, dem Doktor seinen Vertragsbruch mit dem natürlichen Harndrang zu erklären, doch dieser lässt ihn nicht ausreden und behauptet, er würde wieder nur philosophieren. Plötzlich spricht Woyzeck von seinen Wahnvorstellungen, eine *„fürchterliche Stimme"* (S. 22, V. 23f) hätte zu ihm gesprochen. Der Doktor freut sich über Woyzecks geistige Verirrung: *„Woyzeck er hat die schönste aberratio mentalis partialis, [...] sehr schön ausgeprägt"* (S. 22, V. 31ff). Er stellt fest, dass Woyzeck seine Pflichten trotzdem noch *„mit allgemein vernünftigem Zustand"* (S. 23, V. 2f) erledigen kann. Das alles ist für ihn ein *„interessanter casus, Subject Woyzeck"* (S. 23, V. 11f).

Szenenanalyse & Interpretation

Woyzecks Unterhaltung mit dem Doktor erinnert stark an die Rasierszene. Ebenso wie die Rasur des Hauptmanns ist die Teilnahme am Ernährungsexperiment des Doktors für Woyzeck ein Nebenverdienst. Der Doktor erforscht, inwiefern sich die Ernährung auf die Psyche auswirkt und Woyzeck ist sein Versuchsobjekt. Die beiden haben eine Vereinbarung, nach der Woyzeck sich ausschließlich von Erbsen ernähren darf und zu Untersuchungszwecken regelmäßig Urin abgeben muss. Weil dieser aber bereits auf die Straße uriniert hat, vergleicht der Doktor ihn mit einem Hund, womit er gleich zu Beginn der Szene seine Verachtung für Woyzeck zum Ausdruck bringt. Denn er ist der Überzeugung, dass der Mensch seine Triebe durch den Willen kontrollieren kann, weshalb er kein Verständnis dafür hat, dass Woyzeck *„die Natur kommt"* (S. 21, V. 12f). Er spricht aus einer rein wissenschaftlichen Perspektive, denn er interessiert sich nur für seine Forschung. Mit seinem Experiment will der ehrgeizige Mediziner eine *„Revolution in der Wissenschaft"* (S. 21, V. 22f) bewirken, weshalb er sich ganz besonders über Woyzecks Nachlässigkeit ärgert. Woyzeck versucht, sich zu erklären, kann sich aber nicht richtig ausdrücken: *„sehn sie mit der Natur [...] das ist so was, wie soll ich doch sagen, zum Beispiel"* (S. 22, V. 16ff).

Der Gegensatz zwischen Woyzeck und dem Doktor wird durch die Sprachbarriere veranschaulicht, die eine Kommunikation auf Augenhöhe verhindert. Der Doktor spricht von Woyzeck in der dritten Person: *„Woyzeck, er philosophirt wieder."* (S. 22, V. 19) oder *„Woyzeck, er hat eine aberratio."* (S. 22, V. 25) Er dominiert das gesamte Gespräch, redet im Befehlston, lässt Woyzeck nicht ausreden und verwendet Wissenschaftssprache, was zeigt, dass er ihm in Bezug auf Stand und Bildungsniveau überlegen ist. Während Woyzeck seine Aussagen in einfachen, teilweise elliptischen und wirren Sätzen formuliert und hessischen Dialekt spricht, verwendet der Doktor viele lateinische Begriffe und kann sich adäquat ausdrücken. Woyzeck bemerkt diesen Unterschied und drückt durch seine Körpersprache Nervosität und Hilflosigkeit aus: *„er kracht mit den Fingern"* (S. 22, V. 17). Weiterhin sind Woyzecks Redeanteile während der ganzen Unterhaltung gering, er antwortet lediglich auf Fragen. Ähnlich wie auch der Hauptmann fühlt der Doktor sich ihm überlegen, versteht ihn nicht und nimmt ihn nicht ernst. Woyzeck scheint für ihn kein menschliches Wesen zu sein, sondern lediglich ein Versuchsobjekt. Aufgrund seiner finanziellen Abhängigkeit will und kann dieser sich allerdings nicht gegen die Demütigungen wehren. Wie der Doktor selbst anmerkt, *„[t]hut [Woyzeck] seinen Dienst"* (S. 23, V. 9), denn auch durch seine militärische Ausbildung ist er darauf programmiert, gehorsam zu sein und die Befehle von anderen auszuführen.

Das wird auch im zweiten Teil der Szene noch einmal deutlich, als der Doktor auf Woyzecks schlechten Geisteszustand zu sprechen kommt. Als Woyzeck merkt, dass er dem Doktor argumentativ nicht standhalten kann, spricht er plötzlich in wirren Sätzen von seinen Wahnvorstellungen: *„Wenn [. . .] es ist als ging die Welt im Feuer auf hat schon eine fürchterliche Stimme zu mir geredet!"* (S. 22, V. 22f) Völlig zusammenhangslos legt er seinen Finger an die Nase: *„Die Schwämme Herr Doctor. Da, da steckts."* (S. 22, V. 26f) Der Doktor geht inhaltlich nicht weiter darauf ein, für ihn ist Woyzecks Zustand lediglich ein interessanter *„casus"* (S. 23, V. 11). Es besteht kein typisches Arzt-Patienten-Verhältnis, weil der Doktor ihm nicht helfen will, sondern ihn eigennützig als Versuchsobjekt missbraucht. Denn mit seiner Forschung sichert er seine eigene Stellung und stellt sich damit bewusst über Woyzeck. Die Szene veranschaulicht erneut die Opferrolle Woyzecks, der von den Menschen in seinem Umfeld unterdrückt, ausgenutzt und gedemütigt wird. Zusätzlich zur Mangelernährung und dem Verdacht auf Maries Affäre mit dem Tambourmajor verstärkt die Geringschätzung von Hauptmann und Doktor die Symptome seiner psychischen Erkrankung enorm.

4.1.3 Nachmittag, Abend: Szenen 9–13

Szene 9: Straße oder Gasse

Der Hauptmann und der Doktor gehen die Straße entlang und unterhalten sich. Weil der Doktor zu schnell läuft, ermahnt der Hauptmann ihn, langsamer zu gehen: *„Rennen Sie nicht so. [. . .] Sie hetzen sich ja hinter dem Tod drein."* (S. 23, V. 19ff) Denn nur ein Mensch, *„der sein gutes Gewissen hat"* (S. 23, V. 22), geht langsam. Er zieht den Doktor am Mantel, um ihn etwas auszubremsen. Während der Hauptmann über seine melancholische Verstimmtheit klagt, analysiert der Doktor seine schlechte körperliche Verfassung: *„aufgedunsen, fett, dicker Hals, apoplectische Constitution"* (S. 24, V. 1f). Aus seiner Sicht ist dies ein Risikofaktor für einen Schlaganfall. Für den Doktor stellt der Hauptmann daher einen *„von den interessanten Fällen"* (S. 24, V. 10) dar, weshalb er unter diesen Umständen nur allzu gern *„die unsterblichsten Experimente"* (S. 24, V. 12f) mit ihm machen würde. Diese Worte erschrecken den Hauptmann, weshalb er den Doktor als *„Sargnagel"* (S. 24, V. 19) bezeichnet. Gleichwohl tröstet er sich mit der Annahme, dass man ihn sicher als guten Menschen in Erinnerung behalten würde.

Woyzeck kommt die Straße entlang und will eigentlich an den beiden vorbei laufen, doch der Hauptmann verwickelt ihn in ein Gespräch: *„Bleib er doch Woyzeck"* (S. 24, V. 28f). Er bemängelt, dass Woyzeck regelrecht *„wie ein offnes Rasirmesser durch die Welt"* (S. 24, V. 29f) rennen würde, als hätte er *„die langen Bärte"* (S. 25, V. 3) eines Kosaken-Regiments zu rasieren. Damit gelangt er zu der Frage, ob Woyzeck *„noch nicht ein Haar aus einem Bart in seiner Schüssel gefunden"* (S. 25, V. 9f) hätte. Dieses Haar müsste vom Bart des Tambourmajors stammen. So etwas hielte er allerdings nicht für möglich, da Woyzeck eine „*brave Frau*" (S. 25, V. 13) hat. Woyzeck antwortet mit einem „*Ja wohl!*" (S. 25, V. 15) und will wissen, was der Hauptmann damit genau meint. Dieser deutet an, er habe „*um die Ecke*" (S. 25, V. 19f) ein sich küssendes Paar gesehen. Woyzeck wird „*kreideweiß*" (S. 25, V. 23) und hofft, das alles wäre nur einer der gemeinen Scherze des Hauptmanns. Doch der befeuert den Verdacht weiter, weshalb es Woyzeck „*eiskalt*" (S. 25, V. 31) den Rücken herunterläuft. Er hält die Behauptungen des Hauptmanns für „*unmöglich*" (S. 25, V. 32) und begegnet ihm mit einem zornigen Blick. Der Hauptmann beteuert allerdings: „*ich mein es gut mit ihm, weil er ein guter Mensch ist Woyzeck, ein guter Mensch.*" (S. 26, V. 3f) Der Doktor erfreut sich währenddessen daran, sein Versuchsobjekt näher beobachten zu können und stellt bei Woyzeck einen rasenden Puls fest. Darüber hinaus sind dessen Gesichtsmuskeln und Haltung „*starr, gespannt, zuweilen hüpfend*" (S. 26, V. 5f). Woyzeck hat das Bedürfnis zu gehen und verabschiedet sich abrupt mit den Worten „*Ich geh! Es ist viel möglich. Der Mensch!*" (S. 26, V. 7) Er will in Ruhe „*drüber nachdenken*" (S. 26, V. 15). Dabei betrachtet er den „*schönen, festen grauen Himmel*" (S. 26, V. 10) und will sich plötzlich „*daran [...] hängen, nur wegen des Gedankenstrichels zwischen Ja, und nein, ja – und nein*" (S. 26, V. 12f). Er ist hin und hergerissen und weiß nicht, ob er den Behauptungen des Hauptmanns Glauben schenken soll. Währenddessen läuft ihm der Doktor hinterher und bietet Woyzeck einen finanziellen Zuschuss an, wenn er sich als „*Phänomen*" (S. 26, V. 18) weiter erforschen lässt. Der Hauptmann bleibt zurück und ärgert sich über Woyzeck: „*Das hab' ich nicht gern! ein guter Mensch ist dankbar und hat sein Leben lieb, ein guter Mensch hat keine courage nicht!*" (S. 26, V. 24ff)

Szenenanalyse & Interpretation

Der Hauptmann und der Doktor gehören beide zur Oberschicht, jedoch repräsentieren sie zwei verschiedene Berufsstände. Die Äußerungen beider Figuren ähneln denen aus den Szenen 5 und 8. Der Hauptmann philosophiert in Plattitüden über das Wesen des guten Menschen, der sich seiner Meinung nach durch einen gehobenen Lebensstil auszeichnet: „*die Pferde machen mir ganz Angst, wenn ich denke, daß die armen Bestien zu Fuß gehn müssen.*" (S. 23, V. 17ff) Dabei wird es ihm ganz „*schwermüthig*" (S. 23, V. 26). Sein Weltschmerz stimmt ihn melancholisch, wie er Woyzeck gegenüber in der Rasierszene bereits ausgeführt hat. Der Doktor wiederum geht nicht auf die Aussagen des Hauptmanns ein, sondern analysiert ihn aus einer wissenschaftlichen Perspektive. Ebenso wie bei Woyzeck ist er nicht an den Gedanken und Gefühlen des Hauptmanns interessiert, sondern betrachtet ihn als einen Forschungsgegenstand.

Durch dieses Gespräch wird ihre gegenseitige Abneigung deutlich. Besonders zu Beginn der Szene sind beide jeweils stark auf sich selbst fixiert und reden aneinander vorbei. Ein Wortspiel veranschaulicht, dass die beiden sich nicht leiden können. Der Doktor hält dem Hauptmann seinen leeren Hut hin und erklärt ihm damit indirekt, dass dieser in seinen Augen ein „*Hohlkopf*" (S. 24, V. 21) ist. Der Hauptmann geht darauf ein und „*macht eine Falte*" (S. 24, V. 22) in den Hut, um zu zeigen, dass er den Doktor für einfältig hält. Trotz der Abneigung, die sie füreinander empfinden, sind die beiden sich intellektuell ebenbürtig und nehmen den Schlagabtausch mit Humor.

Eigentlich wollten sie sich schon verabschieden, doch als Woyzeck vorbeikommt, bindet der Hauptmann ihn in das Gespräch ein. Die gegenseitige Antipathie von Hauptmann und Doktor verlagert sich jetzt auf Woyzeck. Während der Hauptmann Woyzeck mit diversen Anspielungen auf Maries Untreue boshaft demütigt, stärkt der Doktor ihm dabei den Rücken. Denn anstatt für Woyzeck Partei zu ergreifen, beachtet er seine Gefühlslage nicht und vermittelt ihm damit, dass er ihn nicht als ebenbürtiges menschliches Wesen betrachtet. Die Darstellung von Woyzecks Unterlegenheit wird damit auf die Spitze getrieben, weil er durch das Zusammenspiel von Hauptmann und Doktor in Bezug auf seine gezielte Erniedrigung vollständig machtlos ist. Trotzdem versucht er erneut sich zu verteidigen, als seine Familie zur Sprache gebracht wird. Er macht deutlich, dass er außer Marie und seinem Sohn *„sonst nichts auf der Welt"* (S. 25, V. 25) hat. Doch man unterbricht ihn und lässt ihn nicht zu Wort kommen, ähnlich wie in den Szenen 5 und 8. Es liegt nahe, dass Hauptmann und Doktor sich an Woyzeck rächen wollen, weil dieser zuvor in den Gesprächen mit beiden versucht hat, ihnen argumentativ standzuhalten. Der Hauptmann versteckt seine Gehässigkeit hinter der vermeintlichen Sorge um Woyzeck, der Doktor seine wiederum hinter der Wissenschaftlichkeit.

Auch diese Unterhaltung führt erneut zu einer Verschlechterung von Woyzecks psychischem Zustand. Die Reaktion auf die Spekulationen des Hauptmanns in Bezug auf Maries Untreue zeigt sich zunächst körperlich, er wird weiß im Gesicht, sein Herz schlägt schnell und ihm wird kalt. Der Schreck steht ihm buchstäblich ins Gesicht geschrieben. Zwar hat er Marie und den Tambourmajor bereits selbst zusammen gesehen, aber vermutlich nicht damit gerechnet, in der Öffentlichkeit auf ihre Untreue angesprochen zu werden. Der Schock führt sofort zu einer Vermeidungsreaktion, instinktiv will er das Gespräch beenden und geht *„erst langsam dann immer schneller"* (S. 26, V. 16f) weg. Währenddessen kommen ihm Selbstmordgedanken und er weiß nicht genau, was er noch glauben soll: *„Ist das nein am ja oder das ja am nein Schuld."* (S. 26, V. 14f) Zwar hat Marie ihre Untreue bisher abgestritten, doch mittlerweile ist er durch die deutlichen Anzeichen stark verunsichert.

> **Mögliche Prüfungsfrage**
> Erläutern Sie die systematische Demütigung Woyzecks durch Hauptmann und Doktor anhand des Dramentextes, jeweils unter Berücksichtigung der sprachlichen Gestaltung der Figurenrede. Gehen Sie dabei speziell auch auf Woyzecks Reaktion ein.

Szene 10: die Wachstube

Woyzeck und Andres haben an einem Sonntag Dienst in der Wachstube. Andres ist gut gelaunt und singt ein Lied über eine *„brave Magd"* (S. 27, V. 5). Er kommentiert das sonnige Wetter und die *„Musik vor der Stadt"* (S. 27, V. 11f), die bis zum Wachtposten herüberdringt. Sonntags trifft man sich in zwei beliebten Tanzlokalen, *„[i]m Rössel und im Sternen"* (S. 27, V. 15). Woyzeck ist *„unruhig"* (S. 27, V. 14), vor seinem inneren Auge sieht er Marie und den Tambourmajor, die sich dort zum Tanz treffen: *„Andres, ich hab keine Ruh."* (S. 27, V. 21) Doch Andres schenkt Woyzecks Eifersucht wenig Beachtung, stattdessen nennt er ihn einen Narren. Schließlich hält Woyzeck es nicht mehr aus: *„Ich muß fort. [...] Ich muß hinaus"* (S. 27, V. 27ff).

Szenenanalyse & Interpretation

Seit dem Gespräch mit dem Hauptmann und dem Doktor lässt Maries Affäre Woyzeck keine Ruhe mehr. Denn er weiß, dass die beiden beim Tanz die Gelegenheit haben werden, sich zu sehen. Er kann dagegen allerdings nichts ausrichten, weil er als Soldat dazu verpflichtet ist, auf seinem Posten zu bleiben. Woyzeck arbeitet sogar sonntags, um Marie finanziell zu unterstützen, während sie sich in ihrer Freizeit mit einem anderen Mann vergnügt. Diese Vorstellung macht ihn rasend: *„Was sie heiße Händ haben. Verdammt Andres!"* (S. 27, V. 24f) Vermutlich reizt ihn die Gleichgültigkeit seines Freundes noch zusätzlich, weil er sich dadurch mit der Situation allein gelassen fühlt. Denn Andres ist die einzige Bezugsperson für Woyzeck, mit der er auf Augenhöhe reden könnte. Schließlich hält er es nicht mehr aus und macht sich auf den Weg in die Stadt. Eigentlich ist es ihm nicht erlaubt, den Posten in der Wachstube zu verlassen. Wegen Marie vernachlässigt er seine Pflicht und nimmt die mutmaßliche Bestrafung dafür in Kauf. Das ist sehr untypisch für den sonst so gewissenhaften Woyzeck und daher ein weiteres Indiz dafür, dass sich seine psychische Erkrankung immer weiter verschlimmert.

Szene 11: Wirtshaus

Woyzeck ist zum Wirtshaus gelaufen. Das Fenster ist geöffnet und er betrachtet von draußen das bunte Treiben im Saal. Zwei vom *„Brandewein"* (S. 28, V. 8) betrunkene Handwerksburschen sinnieren über die Vergänglichkeit: *„Selbst das Geld geht in Verwesung über. Vergißmeinnicht."* (S. 28, V. 15f) Die Stimmung ist vergnügt und ausgelassen, der Alkohol fließt in Strömen: *„Ich wollt unsre Nasen wären zwei Bouteillen und wir könnten sie uns einander in den Hals gießen."* (S. 28, V. 18ff) Die Handwerksburschen stimmen ein heiteres Lied an und die Gäste des Wirtshauses singen im Chor: *„Halli, halloh, gar lustig ist die Jägerei"* (S. 28, V. 24).

Woyzeck beobachtet, wie Marie und der Tambourmajor an ihm vorbei tanzen, jedoch *„ohne ihn zu bemerken"* (S. 28, V. 29). Dabei hört er Marie sagen, dass sie gerne *„immer, zu, immer zu"* (S. 28, V. 30) weiter tanzen würde. Bei diesen Worten erschreckt Woyzeck sich heftig, er muss sich erst einmal hinsetzen und *„schlägt die Hände in einander"* (S. 29, V. 3f). Er kann gar nicht glauben, was er da sieht: *„dreht Euch, wälzt Euch. [...] Thut's am hellen Tag, thut's einem auf den Händen, wie die Mücken."* (S. 29, V. 4ff) Das sexuelle Interesse des Tambourmajors an Marie erkennt er daran, wie dieser *„an ihr herumtappt, an ihrem Leib"* (S. 29, V. 11).

Währenddessen *„predigt"* (S. 29, V. 13) einer der Handwerksburschen über den Sinn der menschlichen Existenz: *„Warum ist der Mensch?"* (S. 29, V. 17) Gott hat jedem einen speziellen Lebenssinn zugedacht, der sich erst durch die Existenz anderer Menschen ergibt. Denn ein Schneider könnte beispielsweise gar kein Geld verdienen, wenn Gott ihnen nicht *„die Empfindung der Schaam eingepflanzt"* (S. 29, V. 22f) hätte. Am Ende kommt er wiederholt zu dem Schluss: *„Alles Irdische ist eitel, selbst das Geld geht in Verwesung über."* (S. 29, V. 27f)

Szenenanalyse & Interpretation

Die ausgelassene und fröhliche Stimmung im Inneren des Wirtshauses steht im direkten Kontrast zu Woyzecks Gefühlslage. Er kann es kaum fassen, dass Marie sich in aller Öffentlichkeit mit dem Tambourmajor sehen lässt. Obwohl er die beiden bereits auf der Straße zusammen gesehen hat und auch der Hauptmann ihn auf den offensichtlichen Treuebruch aufmerksam gemacht hat, hatte Woyzeck bisher keine festen Beweise. Doch mittlerweile kann er die Augen nicht mehr davor verschließen: wie Marie und der Tambourmajor sich berühren, wie Marie sich wünscht, immer weiter tanzen zu wollen, lässt keine Zweifel mehr offen.

Das Entsetzen über Maries Verhalten wühlt Woyzeck stark auf. Er *„sinkt zurück auf die Bank"* (S. 29, V. 2) vor dem Fenster und muss sich erst einmal sammeln. Dabei hört er die laute, fröhliche Tanzgesellschaft aus dem Inneren des Wirtshauses, die so gar nicht zu seiner emotionalen Verfassung passt. Büchner verwendet zur Veranschaulichung dieses Gegensatzes den literarischen Topos des Fensters. Woyzeck befindet sich außerhalb des Wirtshauses und kann das Geschehen nur durch das geöffnete Fenster beobachten. Er nimmt nicht an der Tanzgesellschaft teil und die Menschen im Inneren, unter anderem auch Marie und der Tambourmajor, nehmen ihn nicht wahr. Dieses Gefühl des Außen-Vor-Seins symbolisiert die Ausgrenzung, die Maries Affäre mit dem Tambourmajor bewirkt. Hinzu kommt die systematische Ausgrenzung von der Gesellschaft, symbolisiert durch den Hauptmann und den Doktor. Woyzeck erkennt jetzt endgültig, welcher Platz ihm zugewiesen wurde: „*Warum ist der Mensch?*" (S. 29, V. 17) Warum ist Woyzeck? Er wird immer wieder an Rand gedrängt, von Marie und dem Tambourmajor, vom Hauptmann und vom Doktor. Er steht jenseits der (Tanz-)Gesellschaft und dennoch ist das Fenster geöffnet: Woyzeck kann sie alle sehen, doch trotzdem gehört er nicht dazu.

Die Wirtshausszene veranschaulicht das determinierte Schicksal Woyzecks und markiert in Bezug auf seine innere Einstellung einen zentralen Wendepunkt im Drama. Die unwiderrufliche Erkenntnis über Maries Untreue und seine aussichtslose Situation machen ihm seine eigene Unzulänglichkeit bewusst. Bisher hat die Versorgung seiner Familie seiner Existenz einen Sinn gegeben, wodurch er seine Wahnvorstellungen mehr oder weniger unter Kontrolle hatte. Doch Maries Vertrauensbruch stellt das Leben, das Woyzeck bisher geführt hat, in Frage. Aus diesem Grund ist dieses Ereignis der entscheidende Auslöser für seine psychische Krankheit, die sich ab diesem Zeitpunkt zu einer ausgereiften Psychose entwickelt (vgl. hierzu auch Kap. 5.1, S. 75).

Szene 12: Freies Feld

Woyzeck ist vom Wirtshaus weg, auf ein Feld vor der Stadt gelaufen. Er ist dort allein und hat einen heftigen Wahnsinnsanfall, vor seinem inneren Auge sieht er immer noch Marie und den Tambourmajor inmitten der Tanzgesellschaft: „*Immer zu! immer zu! Still Musik.-*" (S. 30, V. 4) Die laute Musik klingt ihm dabei noch in den Ohren. Plötzlich hört er Stimmen: „*He was, was sagt ihr?*" (S. 30, V. 5) Sie befehlen ihm, Marie zu erstechen: „*stich, stich die Zickwolfin todt.*" (S. 30, V. 6f) Er ist sichtlich überfordert und weiß nicht, was er tun soll: „*Soll ich? Muß ich?*" (S. 30, V. 7) Die Stimmen lassen ihn nicht mehr los, er hört sie „*immer, immer zu, stich todt, todt*" (S. 30, V. 8f).

Szene 13: Nacht

Auch spät in der Nacht ist Woyzecks Wahnsinnsanfall noch nicht abgeklungen. Er liegt mit Andres zusammen im Bett und „*kann nit schlafen*" (S. 30, V. 14), weshalb er ihn „*schüttelt*" (S. 30, V. 13), um ihn aufzuwecken. Vor seinem inneren Auge sieht er Marie und den Tambourmajor beim Tanz und in den Ohren klingen ihm noch immer „*die Geigen, immer zu, immer zu*" (S. 30, V. 15f). Zusätzlich hört er Stimmen aus der Wand. Andres antwortet ihm nur: „*Ja, - laß sie tanzen!*" (S. 30, V. 18) und schläft sofort wieder ein. Vorher rät er Woyzeck noch, „*Schnaps*" (S. 30, V. 22) zu trinken und ein Heil-Pulver einzunehmen, um sein Nervenfieber zu lindern.

Szenenanalyse & Interpretation

Ebenso wie auch schon sonntags in der Wachstube geht Andres kaum auf Woyzeck ein, sondern beschwichtigt ihn lediglich mit ein paar kurzen Floskeln. Es ist ihm wichtiger, weiterschlafen zu können, anstatt sich mit Woyzecks Problem auseinanderzusetzen. Darüber hinaus weiß er vermutlich nicht so recht, wie er mit so einem Wahnsinnsanfall umgehen soll. Seine oberflächlichen Beruhigungsversuche haben daher keine Wirkung. Woyzeck spürt ein „*ziehen zwischen den Augen, wie ein Messer*" (S. 30, V. 20f). Möglicherweise plant er im Wahn schon Maries Ermordung, für die er sich am nächsten Tag eine geeignete Mordwaffe beschaffen will.

4.1.4 Am folgenden Tag, Vormittags: Szenen 14–17

Szene 14: Wirtshaus

Am nächsten Tag treffen Woyzeck und der Tambourmajor im Wirtshaus zum ersten Mal persön-lich aufeinander. Zu Beginn der Szene prahlt der Tambourmajor lautstark mit seiner Männlichkeit, dabei *„schlägt [er] sich auf die Brust"* (S. 31, V. 4f): *„Ich bin ein Mann!"* (S. 31, V. 4) Er sei so stark, dass nur der *„Herrgott"* (S. 31, V. 6) ihn im Zweikampf besiegen würde. Er ist betrunken, aggressiv und hat große Lust auf eine Schlägerei: *„Ich will ihm die Nas ins Arschloch prügeln."* (S. 31, V. 7f) Als er Woyzeck erblickt, will er ihn zum Trinken ermutigen: *„da Kerl, sauf, der Mann muß saufen"* (S. 31, V. 8f). Woyzeck zeigt allerdings kaum eine Reaktion, sondern gibt lediglich ein kurzes Pfei-fen von sich. Der Tamboumajor fühlt sich dadurch stark provoziert: *„Kerl, soll ich dir die Zung aus dem Hals ziehn"* (S. 31, V. 12f). Daraufhin prügeln sie sich und Woyzeck verliert, er muss sich da-nach erst einmal *„erschöpft zitternd auf die Bank"* (S. 31, V. 17f) setzen. Für den Tambourmajor ist der Sieg eine willkommene Bestätigung, der Alkohol ermutigt ihn zusätzlich: *„Ha. [...] Brandewein giebt courage!"* (S. 31, V. 21f) Woyzeck sitzt weiterhin blutend auf der Bank und redet vor sich hin: *„Eins nach dem andern."* (S. 31, V. 25)

Szenenanalyse & Interpretation

Die Szene veranschaulicht noch einmal den Kontrast zwischen Woyzeck und dem Tambourmajor. Im Gegensatz zu Woyzeck ist der Tambourmajor groß und muskulös, weshalb er den Zweikampf ohne Mühe gewinnt. Weil er weiß, dass Woyzeck kein ebenbürtiger Gegner ist, sucht er gezielt den Streit mit ihm. Nach der Prügelei verhält er sich allerdings nicht wie ein anständiger Gewin-ner, sondern verspottet Woyzeck nachträglich noch: *„soll ich dir noch soviel Athem lassen als ein Altweiberfurz"* (S. 31, V. 14f). Damit triumphiert er selbstbewusst über seinen Sieg und stellt Woy-zecks Unterlegenheit zur Schau.

Woyzeck hingegen spricht in der ganzen Szene nur einen einzigen Satz. Selbst auf die Provoka-tion des Tambourmajors reagiert er nicht wirklich. Doch weil er auch diese Niederlage zumindest indirekt Marie zu verdanken hat, plant er jetzt konkret seine Rache. Die Demütigung, der er fort-während ausgesetzt ist, wird er ab sofort nicht mehr hinnehmen. Mit der Aussage *„Eins nach dem andern"* (S. 31, V. 25) versucht er sich daher selbst zu beruhigen. Denn voller Genugtuung weiß allein er von der Strafe, die er für Marie vorgesehen hat.

Szene 15: beim Juden

Woyzeck trifft erste Vorbereitungen für Maries Ermordung. Bei einem Juden kauft er ein Messer, weil eine Pistole *„zu theuer"* (S. 32, V. 3) ist. Doch auch das Messer *„kann mehr als Brod schnei-den"* (S. 32, V. 11) und ist daher bestens für das geplante Verbrechen geeignet. Der Jude nimmt allerdings an, dass Woyzeck es für seinen Selbstmord kauft und preist es daher als besonders günstig an: *„Ihr sollt Euern Tod wohlfeil haben"* (S. 32, V. 8f). Obwohl er weiß, dass das Messer für die Gewalt an einem Menschen gekauft wird, interessiert ihn nur das Geld. Sein Kunde soll schließlich einen *„ökonomischen Tod"* (S. 32, V. 10) haben. Für *„Zwei Groschen"* (S. 32, V. 12) kauft Woyzeck das Messer und geht wieder.

Szene 16: Marie zu Hause

Marie sitzt alleine zu Hause und *„blättert in der Bibel"* (S. 32, V. 19). Sie weiß, dass ihre Affäre eine Sünde ist und hat deswegen jetzt schlagartig ein schlechtes Gewissen: *„Herrgott! Sieh mich* *nicht an.*" (S. 32, V. 21) Aus der Bibel liest sie eine Textstelle vor, in der Jesus einer Ehebrecherin vergibt: *„Jesus aber sprach: so verdamme ich dich auch nicht.*" (S. 32, V. 24f) Doch die Vergebung Jesu hat laut dem Bibeltext eine Bedingung: *„sündige hinfort nicht mehr*" (S. 25f). Dabei wird Marie plötzlich sehr emotional und *„schlägt die Hände zusammen*" (S. 32, V. 26). Denn sie weiß, dass sie ihr Verhältnis mit dem Tambourmajor auch in Zukunft nicht aufgeben will: *„Herrgott! Ich kann nicht.*" (S. 32, V. 27)

Währenddessen ist ihr Sohn zu ihr gelaufen und *„drängt sich an sie*" (S. 32, V. 28f). Er erinnert sie an Woyzeck und damit an ihren Treuebruch, weshalb seine Berührung ihr einen *„Stich in's Herz*" (S. 33, V. 1) versetzt. Sie fordert das Kind auf, wegzugehen. Weiterhin befindet sich im Zimmer auch ein Narr, der auf dem Boden liegt und *„Mährchen an den Fingern*" (S. 33, V. 3f) aufzählt. Er nimmt den Jungen in den Arm und *„wird still*" (S. 33, V. 7). Danach fällt Marie auf, dass Woyzeck seit Tagen nicht bei ihr war: *„Der Franz ist nit gekommen, gestern nit, heut nit*" (S. 33, V. 8f). Das beunruhigt sie sehr und ihr wird ganz heiß, weshalb sie das Fenster öffnet. Dann liest sie weiter in der Bibel, wobei erneut Verzweiflung in ihr aufsteigt: *„Alles todt!*" (S. 33, V. 14) Sie wünscht sich göttliche Vergebung: *„Heiland ich möchte dir die Füße salben.*" (S. 33, V. 15)

Szenenanalyse & Interpretation

Die Szene zeigt Maries Umgang mit ihrer Affäre. Weil sie nicht vorhat, ihr unmoralisches Verhalten einzustellen, will sie zumindest beten, um sich besser zu fühlen: *„Herrgott gieb mir nur soviel, daß ich beten kann.*" (S. 32, V. 27f) Marie will sich dabei insbesondere vor Gott rechtfertigen und Vergebung in religiösem Sinne erlangen, während sie in Bezug auf Woyzeck allerdings nur wenig Schuld empfindet und diese gar nicht thematisiert. Das veranschaulicht einerseits ihren christlichen Glauben, andererseits ihre Gleichgültigkeit hinsichtlich ihrer Beziehung zu Woyzeck. Dennoch bemerkt sie zumindest, dass er seit Tagen nicht zu ihr gekommen ist. Sie vermutet, dass er über ihre Affäre Bescheid weiß: *„es wird heiß hie.*" (S. 33, V. 9) Andererseits wendet sie sich gleich darauf wieder der Bibel zu, was zeigt, dass die Vergebung Gottes ihr wesentlich wichtiger ist als Woyzecks.

Daraus kann geschlossen werden, dass Marie auch in Bezug auf ihre Schuldgefühle eher an sich selbst denkt als an Woyzeck. Denn ihr Wunsch nach Vergebung basiert auf der Angst, nach ihrem Tod als Sünderin bestraft zu werden und bezieht sich damit eigentlich nur auf ihr eigenes Schicksal. Auch der Umgang mit ihrem Sohn zeigt, dass sie am liebsten nichts mehr mit Woyzeck zu tun hätte. Zu Beginn des Dramas hat sie ihn noch liebevoll umsorgt, jetzt schiebt sie ihn von sich weg, weil er ihr den Treuebruch an Woyzeck vor Augen führt und damit ihr schlechtes Gewissen befeuert.

Büchner bettet in sein Drama Elemente des deutschen Märchens ein (vgl. hierzu auch Kap. 7.3). In dieser Szene erzählt der Narr zwei Märchen der Gebrüder Grimm nach, womit er die Beziehung zwischen Woyzeck und Marie andeutet. *„Morgen hol' ich der Frau Königin ihr Kind*" (S. 33, V. 5) ist eine Abwandlung von Rumpelstilzchens Phrase *„übermorgen hol ich der Königin ihr Kind*"[1]. Im gleichnamigen Märchen hilft das Rumpelstilzchen einer Müllerstochter, über Nacht ein Zimmer voller Stroh zu Gold zu spinnen, damit der König sie zur Frau nimmt. Dafür verspricht sie dem Rumpelstilzchen unter anderem ihr erstes Kind. Als dieses schließlich geboren wird, bittet die Königin darum, es doch behalten zu dürfen. Das Rumpelstilzchen gibt ihr aus Mitleid die Chance, die Vereinbarung aufzulösen, wenn sie innerhalb von drei Tagen seinen Namen erraten kann. Weil die Königin das Rätsel aber entgegen Rumpelstilzchens Erwartung tatsächlich löst, zerreißt es sich am Ende selbst vor Wut.

---

[1] Brüder Grimm: *Rumpelstilzchen*, Frankfurt am Main 1985, S. 252

Marie wünscht sich ebenso wie die Müllerstochter aus dem Märchen ein besseres Leben, was sich vor allem durch die Sehnsucht nach materiellem Reichtum äußert. Die goldenen Ohrringe, die Woyzeck ihr niemals hätte schenken können, verstärken ihren Wunsch nach sozialem Aufstieg umso mehr. Woyzeck ist gewissermaßen mit Rumpelstilzchen zu vergleichen. Durch seine harte Arbeit bietet er Marie die finanzielle Unterstützung, die sie benötigt, um das Kind zu versorgen. Auch als er in Szene 4 wegen der Ohrringe bereits einen Treuebruch Maries vermutet, geht er einem Streit aus dem Weg, kümmert sich um seinen Sohn und gibt ihr seinen Lohn. Ebenso wie beim Rumpelstilzchen wird ihm die Beziehung zu einer materialistisch orientierten Frau am Ende zum Verhängnis. Rumpelstilzchen zerreißt sich äußerlich, Woyzeck zerreißt es innerlich.

Weiterhin sagt der Narr Maries tödliches Schicksal voraus: *„Blutwurst sagt: komm Leberwurst"* (S. 33, V. 6) stammt aus dem Märchen *Die wunderliche Gasterei* von den Gebrüdern Grimm. Darin wird die Blutwurst zum Mörder und bedroht die Leberwurst mit einem Messer. Büchner deutet damit den bevorstehenden Mord an Marie an, für den Woyzeck bereits ein Messer gekauft hat.

Szene 17: Kaserne

Woyzeck und Andres sind in der Kaserne, Woyzeck *„kramt in seinen Sachen"* (S. 33, V. 19). Er will Andres seinen gesamten Besitz schenken: *„du kannst's brauchen Andres."* (S. 33, V. 21) Woyzeck gibt ihm seine Jacke, ein Kreuz und einen Ring von seiner Schwester und ein goldenes Heiligenbild aus der Bibel seiner Mutter. Dabei liest er den Vers auf der Rückseite des Heiligenbildes vor: *„Leiden sey mein Gottesdienst"* (S. 33, V. 27). Das erinnert Woyzeck an seine alte und blinde Mutter, die nur noch fühlt wie *„ihr die Sonn auf die Händ scheint"* (S. 34, V. 1f).

Andres reagiert wie auch schon in den Szenen zuvor eher desinteressiert und *„sagt zu Allem: ja wohl"* (S. 34, V. 3). Woyzeck zieht eine Art militärischen Dienstausweis aus der Tasche, auf dem seine Personalien vermerkt sind. Daraus geht hervor, dass er als *„Füsilir"* (S. 34, V. 5), also als bewaffneter Fußsoldat im *„2. Regiment"* (S. 34, V. 6) dient. Er ist *„30 Jahre, 7 Monate und 12 Tage"* (S. 34, V. 8) alt. Andres ist mittlerweile doch etwas beunruhigt und rät Woyzeck wie schon am Abend zuvor, er solle *„Schnaps trinken und Pulver drein"* (S. 34, V. 10), um sein Nervenfieber zu lindern. Außerdem empfiehlt er ihm, *„in's Lazareth"* (S. 34, V. 9) zu gehen und sich dort helfen zu lassen. Woyzeck geht allerdings nicht weiter darauf ein, sondern entgegnet nur, dass der Mensch den Zeitpunkt seines Todes nicht kennt: *„wann der Schreiner die Hobelspän sammelt, es weiß niemand, wer seinen Kopf darauf legen wird."* (S. 34, V. 12ff)

Szenenanalyse & Interpretation

Woyzeck hat mit seinem Leben bereits abgeschlossen, weshalb er sich von seinem wertvollsten Besitz trennt. Weil er so arm ist, beschränkt sich dieser auf lediglich vier Gegenstände. Der Plan, Marie zu ermorden steht für Woyzeck also längst fest. Er weiß außerdem, dass er für dieses Verbrechen vermutlich die Todesstrafe erhalten wird, was er am Ende der Szene selbst andeutet. Zwar kennt er seinen Todeszeitpunkt nicht, kann aber aufgrund seines Vorhabens davon ausgehen, dass er nicht mehr lange leben wird. Obwohl Andres das Ausmaß von Woyzecks misslicher Lage nicht ansatzweise durchschaut und von dessen Verhalten sichtlich überfordert ist, bleibt er für Woyzeck die engste Bezugsperson. Dieser könnte seinen Besitz auch seiner Familie hinterlassen, entscheidet sich jedoch für seinen Kameraden. Allerdings realisiert Andres nicht, dass Woyzeck nicht einfach nur an einem Nervenfieber leidet und erfüllt seine Rolle als Freund daher nicht wirklich.

Weiterhin zeigt die Szene Woyzecks Verhältnis zur Religion. Sein Alter errechnet er aus dem Tag seiner Geburt, der gleichzeitig der Tag von *„Maria[s] Verkündigung"* (S. 34, V. 7) ist, also ein christlicher Feiertag. Wenn man nachrechnet, fällt allerdings auf, dass Woyzecks Berechnung nicht stimmt, was vermuten lässt, dass er das genaue Datum des Feiertags eigentlich gar nicht kennt. Dadurch wird Woyzecks kirchenferne Haltung veranschaulicht. Weiterhin bringt er den Bibelvers auf dem Heiligenbild mit seiner kranken Mutter in Verbindung, obwohl darin eigentlich Woyzecks eigene Situation beschrieben wird.

4.1.5 Abend: Szenen 18–26

| **Szene 18**: Marie vor dem Haus

Marie sitzt mit ein paar Mädchen vor der Haustür. Die Kinder spielen und singen Abzählverse. Als dies ihnen kurz darauf keinen Spaß mehr macht, bitten sie Marie darum, für sie zu singen: *„Mariechen sing du uns."* (S. 35, V. 4) Anschließend erzählt eine Großmutter ein Märchen: Ein *„arm Kind"* (S. 35, V. 8) hat *„keinen Vater und keine Mutter"* (S. 35, V. 9) und ist ganz allein auf der Welt. Weil *„auf der Erde Niemand mehr war"* (S. 35, V. 12), geht es zum Mond, der sich allerdings als *„ein Stück faul Holz"* (S. 35, V. 14f) entpuppt. Als das Kind deshalb weiter zur Sonne geht, muss es feststellen, dass diese nur *„eine verwelkte Sonnenblume"* (S. 35, V. 16) ist. Auch die Sterne sind nichts weiter als *„kleine goldene Mücken"* (S. 35, V. 17f). Aus diesem Grund geht das Kind schließlich zurück zur Erde, die mittlerweile zum *„umgestürzte[n] Hafen"* (S. 35, V. 20) geworden ist. Ihm bleibt also nichts weiter übrig, als sich dort allein hinzusetzen und zu weinen: *„und da sitzt es noch und ist ganz allein."* (S. 35, V. 22) In diesem Moment kommt Woyzeck und unterbricht die Erzählung der Großmutter. Marie erschreckt sich, als er plötzlich ihren Namen ruft: *„Marie wir wollen gehn s'ist Zeit"* (S. 35, V. 25). Marie will wissen, wohin und Woyzeck antwortet vage: *„Weiß ich's?"* (S. 35, V. 27)

Szenenanalyse & Interpretation

In der Erzählung der Großmutter verarbeitet Büchner unterschiedliche Motive aus den Grimmschen Märchen *Die Sterntaler*, *Die drei Raben* und *Das singende, springende Löweneckerchen* (vgl. hierzu auch Kap. 7, S. 100). Allerdings formt er das traditionelle Märchen-Sujet zu einem nihilistischen Anti-Märchen um und greift damit die gesellschaftliche Wirklichkeit der armen Bevölkerungsschicht auf, was kurz vor Maries Ermordung noch einmal die Determiniertheit von Woyzecks Schicksal betont. Die starke Entfremdung von den dem Volksmärchen inhärenten Motiven des Hoffnungsvollen und Zauberhaften zeichnet ein schauriges Bild, das auf den tragischen und brutalen Ausgang des Dramas hindeutet: *„Alles todt"* (S. 35, V. 9). Das Kind ohne Eltern lässt Parallelen zu Woyzecks eigenem Kind erahnen, das schon bald ebenfalls *„ganz allein"* (S. 35, V. 21) auf der Welt sein wird. Der *„umgestürzte[] Hafen"* (S. 35, V. 20) am Ende des Märchens ist ein weiteres Indiz dafür, dass es keine Hoffnung auf ein gutes Ende mehr gibt. Büchner verkehrt hier den Hafen als literarisches Symbol für Hoffnung und Heimkehr ins Negative.

> **Mögliche Prüfungsfrage**
> Ordnen Sie das Märchen der Großmutter in den Handlungsverlauf des Dramas ein. Erläutern Sie im Anschluss, warum Büchner das Märchen an dieser Stelle platziert und verwenden Sie dazu die Informationen zum Märchen-Motiv aus Kap. 7.3.

Szene 19: im Wald

Woyzeck führt Marie in den Wald vor der Stadt. Weil Marie sich vor der Dunkelheit fürchtet und sich nicht wohl fühlt, will sie zurück: *„ich muß fort."* (S. 36, V. 5) Doch Woyzeck fordert sie auf, sich hinzusetzen: *„Du sollst noch bleiben."* (S. 36, V. 4) Marie stört sich an Woyzecks dominantem Auftreten, er verhält sich untypisch. Auf die Frage, wie lange sie jetzt schon ein Paar sind, antwortet sie, dass es beinahe *„2 Jahre"* (S. 36, V. 10) sind. Anschließend will Woyzeck wissen, *„wie lang es noch seyn wird"* (S. 36, V. 11f). Doch Marie weicht der Frage aus und wiederholt, dass sie zurück in die Stadt gehen will, weil ihr kalt ist: *„der Nachtthau fällt"* (S. 36, V. 13). Woyzeck wird umso wütender und kann sich nicht mehr beherrschen, weshalb er sie direkt auf ihre Untreue anspricht: *„Was du heiße Lippen hast!"* (S. 36, V. 15) Aufgrund ihres *„heiße[n] Hurenathem[s]"* (S. 36, V. 15f) dürfte sie im Wald eigentlich gar nicht frieren. Andererseits sehnt er sich danach, *„sie noch einmal zu küssen"* (S. 36, V. 17). Doch selbst dieser Wunsch kann ihn nicht von seinem Plan abbringen, wie er zu sich selbst sagt: *„Du wirst vom Morgenthau nicht frieren."* (S. 36, V. 20) Er spricht so leise, dass Marie ihn nicht richtig versteht: *„Was sagst du?"* (S. 36, V. 21) Woyzeck hat allerdings nicht den Mut, sich zu wiederholen und schweigt.

Um die Stille zu durchbrechen kommentiert Marie die rote Farbe des Mondes, der gerade aufgegangen ist. Woyzeck erinnert er an *„ein blutig Eisen"* (S. 36, V. 24). Das setzt Marie in Alarmbereitschaft, sie ahnt allmählich, dass etwas nicht stimmt: *„Was hast du vor?"* (S. 36, V. 25) Das ist für Woyzeck das entscheidende Stichwort: *„Nimm das und das!"* (S. 36, V. 27) Doch Marie ist nicht sofort tot, weshalb er ihr weitere Messerstiche zufügt: *„Ha sie zuckt noch"* (S. 36, V. 28). Schließlich ist die Tat vollbracht: *„Todt! Todt!"* (S. 36, V. 30) Plötzlich kommen andere Leute zum Tatort, weshalb Woyzeck schnell wegläuft.

Szenenanalyse & Interpretation

Die Mordszene markiert den Höhepunkt im Drama. Woyzeck hat seinen Mord im Wahn allerdings schlecht geplant. Zwar bringt er Marie in den Wald, achtet jedoch nicht darauf, ob jemand ihn dabei sieht. Sofern jemand das Verbrechen bezeugen könnte, würde er vermutlich zum Tode verurteilt. Als er hört, dass Leute sich dem Tatort nähern, rennt er einfach weg und lässt Maries Leiche liegen. Das ist äußerst leichtsinnig, weil ihr toter Körper als Beweis dienen könnte. Doch Woyzeck denkt nicht so weit, vermutlich ist ihm sein eigenes Leben mittlerweile gleichgültig, weil er ohnehin schon alles verloren hat. Das zeigt erneut, dass Woyzecks Schicksal bereits feststeht. Schon seit dem Verlust seiner Existenzberechtigung hat er mit seinem Leben abgeschlossen.

Szene 20: es kommen Leute

Zwei Personen sind in den Wald gekommen. In der Nähe des Tatorts hören sie auffällige Geräusche. Eine der beiden Personen findet, es klingt *„[w]ie ein Mensch der stirbt"* (S. 37, V. 8f). Die andere Person glaubt zuerst, es sei *„das Wasser"* (S. 37, V. 6), es ist ihr *„unheimlich"* (S. 37, V. 10) und sie will lieber gehen: *„Fort s'ist nicht gut, es zu hören."* (S. 37, V. 7) Doch für die erste Person sind die Geräusche *„zu deutlich, zu laut"* (S. 37, V. 13). Sie überzeugt die andere Person, mitzukommen und nachzusehen.

Szene 21: Wirtshaus

Woyzeck ist zum Wirtshaus gelaufen. Er scheint gut gelaunt zu sein, als er der abendlichen Tanzgesellschaft zusieht: *„Tanzt alle, immer zu"* (S. 37, V. 17). Er singt das Soldatenlied von der *„brave[n] Magd"* (S. 37, V. 20), welches er von Andres kennt. Im Anschluss tanzt er selbst mit einem

Mädchen namens Käthe, dabei wird ihm *„heiß! heiß"* (S. 37, V. 25) und *„er zieht den Rock aus"* (S. 37, V. 25f). Immer wieder deutet er Maries Tod an: *„der Teufel holt die eine und läßt die andre laufen."* (S. 37, V. 26f) Dann bittet er Käthe, für ihn zu singen. Als Woyzeck ihr gegenüber erwähnt, dass er sich nicht *„blutig machen"* (S. 38, V. 12) will, entdeckt sie das Blut an seinem Arm: *„Roth, Blut"* (S. 38, V. 15). Das erweckt die Aufmerksamkeit der anderen Gäste, die sich im Kreis um die beiden stellen. Woyzeck erschreckt sich zuerst selbst: *„Blut? Blut?"* (S. 38, V. 16) Zu seiner Verteidigung behauptet er schnell, er hätte sich in die Hand geschnitten. Der Wirt bemerkt allerdings weiter oben am Arm noch mehr Blut: *„Wie kommt's aber an den Ellenbogen?"* (S. 38, V. 20) In der Aufregung entgegnet Woyzeck, er hätte es am Ärmel *„abgewischt"* (S. 38, V. 21). Doch der Wirt macht ihn darauf aufmerksam, dass das eigentlich nicht möglich ist und stellt damit die Glaubwürdigkeit seiner Aussage in Frage: *„Was mit der rechten Hand an den rechten Elbogen. Ihr seyd geschickt"* (S. 38, V. 22f). Da meldet sich der Narr zu Wort, der ebenfalls in der Menge steht: *„ich riech Menschenfleisch. Puh. Der stinkt schon"* (S. 38, V. 25f). Woyzeck fühlt sich von den Anwesenden plötzlich stark in die Enge getrieben und reagiert heftig: *„Teufel, was wollt Ihr? Was geht's Euch an?"* (S. 38, V. 27f) In Panik verrät er sich quasi selbst: *„Meint Ihr ich hätt Jemand umgebracht? Bin ich Mörder?"* (S. 38, V. 28f) Voller Angst rennt er aus dem Wirtshaus.

Szenenanalyse & Interpretation

Woyzeck leidet an einem schlimmen Wahnsinnsanfall, der seit dem Mord im Wald nicht abgeklungen ist und sich in ambivalenten Gefühlen äußert. Er ist erleichtert, dass er es hinter sich gebracht hat und kann sich in der fröhlichen Atmosphäre des Wirtshauses kurz entspannen. Darüber hinaus erfüllt ihn aufgrund des geglückten Racheakts tiefe Genugtuung. Dieser Triumph berauscht ihn und versetzt ihn zunächst in einen Zustand der Euphorie. Denn Maries Tod befreit ihn aus der Rolle des Familienversorgers, weshalb eine große Last von ihm abfällt. Seine Unbeschwertheit äußert sich dadurch, dass er Andres' Lied singt. Doch obwohl er zu Beginn der Szene scheinbar gut gelaunt am Rande der Tanzfläche steht und die ausgelassenen Leute beobachtet, hat er seine Bluttat noch nicht verarbeitet. Vor seinem inneren Auge sieht er dort immer noch Marie und den Tambourmajor: *„immer zu"* (S. 37, V. 17). Doch Marie kann jetzt nicht mehr mit ihrer Affäre tanzen und Woyzeck betrügen: *„er holt Euch doch einmal Alle."* (S. 37, V. 18)

Weil er die Gedanken an Marie abschütteln will, tanzt er anschließend selbst mit einem anderen Mädchen. Die Hitze, die ihn dabei überkommt, ist auch eine Folge seiner Tat. Berauscht von seinen Gefühlen und im Wahn spricht er wirr über Käthes bevorstehenden Tod, die seine finsteren Anspielungen allerdings nicht versteht: *„Käthe du wirst auch noch kalt werden."* (S. 37, V. 28f) Sie entdeckt das Blut an seinem Arm und holt ihn damit zurück in die Realität. Als die Leute dadurch auf ihn aufmerksam werden und sich im Kreis um ihn stellen, verrät er sich selbst. Zu spät wird ihm bewusst, dass man ihn deswegen mit Maries Leiche in Verbindung bringen könnte. Sein Umgang mit der gesamten Situation zeigt, dass er keinen klaren Gedanken fassen kann und nicht zurechnungsfähig ist. Obwohl er sich gerade eines Verbrechens schuldig gemacht hat, auf das die Todesstrafe steht, begibt er sich direkt danach noch blutverschmiert unter Leute. Außerdem gibt er selbst Käthe den Hinweis auf das Blut an seinem Arm und gesteht indirekt, dass er jemanden umgebracht hat.

Nach der Mordszene tritt der Narr noch ein weiteres Mal auf. Er drückt aus, was die Anwesenden im Wirtshaus sich vermutlich denken, als Woyzeck in Verdacht gerät: *„Und da hat der Riese gesagt: ich riech, ich riech, ich riech Menschenfleisch."* (S. 38, V. 24f) Auch hier verarbeitet Büchner einen Märchenstoff, der Satz stammt aus dem englischen Märchen *Hans und die Bohnenranke* (vgl. hierzu auch Kap. 7.3, S. 100). Der arme Junge Hans tauscht die letzte Kuh seiner Familie gegen fünf magische Bohnen. Daraus wächst über Nacht eine riesige Bohnenranke, die bis den Himmel reicht. Hans klettert neugierig hinauf und gelangt in das Schloss eines Riesen. Als dieser nach Hause kommt, weiß er sofort von Hans' Anwesenheit, der sich inzwischen versteckt hat: *„Fee! Fie! Foe! Fum! Ich rieche Menschenfleisch."* Die Leute im Wirtshaus umkreisen Woyzeck und stellen Fragen, ihre Worte repräsentieren einen Riesen, der ihn verfolgt. Obwohl er versucht, den Grund für seine blutige Kleidung mit falschen Behauptungen zu verschleiern, hat er sich schon längst verdächtig gemacht.

> **Mögliche Prüfungsfrage**
> Belegen Sie anhand des Dramentextes Woyzecks geistige Verwirrung nach dem Mord.

Szene 22: Kinder vor dem Haus

Zwei Kinder sind mit Margreth vor dem Haus. Der Mord an Marie hat sich mittlerweile herumgesprochen, das erste Kind hat bemerkt, dass sie *„[f]ort"* (S. 39, V. 3) ist. Es erklärt dem anderen Kind, dass man Maries Leiche im Wald gefunden hat: *„Weißt du's nit? [...] Draußen liegt eine!"* (S. 39, V. 5f) Das zweite Kind will schnell zum Tatort, bevor sie die Leiche abtransportieren: *„Fort, daß wir noch was sehen."* (S. 39, V. 10)

Szene 23: Woyzeck allein im Wald

Woyzeck fällt plötzlich ein, dass er das Messer am Tatort vergessen hat: *„Wo ist das Messer? Ich hab' es da gelassen."* (S. 39, V. 14f) Nach dem Vorfall im Wirtshaus will er das Beweisstück jetzt verschwinden lassen, aus Angst, dass es ihn sonst *„verräth"* (S. 39, V. 15). Also kehrt er zum Tatort zurück. Als er Maries Leiche am Boden liegen sieht, glaubt er, sie zu hören: *„Was höre ich? Es rührt sich was. [...] Ha Marie! Still."* (S. 39, V. 16f) Doch er erkennt, dass sie sich nicht mehr bewegt: *„Was bist du so bleich, Marie? Was hast du eine rothe Schnur um den Hals?"* (S. 39, V. 18f) Ihr Anblick erinnert ihn an ihren Betrug. Daher ist Woyzeck nach wie vor fest davon überzeugt, dass der Mord die gerechte Strafe für ihre *„Sünde"* (S. 39, V. 20) war. Dann entdeckt er das Messer neben ihr: *„Da liegt was!"* (S. 39, V. 23f) Schnell nimmt er es an sich und läuft *„[w]eg von dem Platz"* (S. 39, V. 24), weil sich plötzlich wieder Leute dem Tatort nähern.

Szenenanalyse & Interpretation

Woyzeck empfindet keine Reue wegen seines Verbrechens. Im Gegenteil, beim Anblick von Maries Leiche ist er sich sicher, das Richtige getan zu haben. Er ist davon überzeugt, sie durch ihren Tod von ihrer Sünde erlöst zu haben. Zuvor war Marie *„schwarz"* (S. 39, V. 21), doch er hat sie *„gebleicht"* (S. 39, V. 21f), also reingewaschen. Im Anschluss verspottet er sie noch, als er ihr wirres Haar kommentiert: *„Was hängen deine schwarzen Haare, so wild?"* (S. 39, V. 22f) Sein makaberes Verhalten zeigt, dass er noch immer an einem Wahnsinnsanfall leidet.

Szene 24: Woyzeck an einem Teich

Woyzeck ist an einem Teich angelangt und *„wirft das Messer hinein"* (S. 40, V. 3). *„[W]ie Stein"* (S. 40, V. 4) trifft es auf die dunkle Wasseroberfläche. Mit einem Blick zum Mond stellt er erneut fest, dass dieser *„wie ein blutig Eisen"* (S. 40, V. 5) aussieht. Er erinnert sich an den Vorfall im Wirtshaus und überlegt, ob sich die Nachricht von Maries Ermordung bereits verbreitet: *„Will denn die ganze Welt es ausplaudern?"* (S. 40, V. 5f) Dabei schaut er wieder zum Teich und bemerkt, dass das

Messer noch „*zu weit vorn*" (S. 40, V. 6) liegt. Er befürchtet, jemand könnte es beim Baden finden, weshalb er in den Teich watet und es noch weiter weg wirft. Allerdings zweifelt Woyzeck gleich im Anschluss daran, ob das eine gute Idee war: „*Wer kann's erkennen – hätt' ich es zerbrochen!*" (S. 40, V. 9f) Weil er sowieso schon im Teich steht, wäscht er das Blut von sich ab.

Szenenanalyse & Interpretation

Der chaotische Umgang mit der Mordwaffe veranschaulicht erneut Woyzecks schlechte Planung. Offensichtlich ist er überfordert und weiß nicht genau, was er tun soll. Zwar entsorgt er das Messer im Teich, denkt jedoch nicht darüber nach, dass ihn jetzt auch seine nasse Kleidung verraten könnte. Außerdem ist es vermutlich nicht ratsam, die Mordwaffe in der Nähe des Tatorts zu entsorgen. Woyzeck ist eigentlich kein Gewalttäter, weshalb er in solchen Angelegenheiten keinerlei Erfahrung hat.

Szene 25: im Gerichtsgebäude

Ein Gerichtsdiener, ein Barbier, ein Arzt, ein Richter und ein Polizeidiener sprechen über den Mordfall. Der Polizeidiener stellt fest, dass es schon lange keinen so beispielhaften Mord gegeben hat: „*ein schöner Mord, so schön als man ihn nur velangen thun kann*" (S. 40, V. 16f).

An dieser Stelle endet die offizielle Lese- und Bühnenfassung. Möglicherweise folgt im Anschluss eine weitere Szene, die aus der Handschrift H3 überliefert ist. In einigen Ausgaben wird sie als 26. Szene mit abgedruckt (vgl. hierzu auch Kap. 3.1.1). Der Vollständigkeit halber wird sie hier in der Zusammenfassung berücksichtigt.

Szene 26: Woyzeck zu Hause

Woyzeck und ein „*Idiot*" (S. 82, V. 2) namens Karl sitzen zu Hause. Karl „*hält das Kind vor sich auf dem Schooß*" (S. 82, V. 4) und bemerkt, dass Woyzeck „*ins Wasser gefallen*" (S. 82, V. 5) ist. Als dieser das Kind „*liebkosen*" (S. 82, V. 9) will, dreht es sich von ihm weg und fängt an zu weinen. Woyzeck erschrickt sich: „*Herrgott!*" (S. 82, V. 10) Er verspricht seinem Sohn einen Lebkuchen und gibt Karl Geld, damit er ihn kaufen geht. Doch Karl sieht ihn die ganze Zeit nur „*starr*" (S. 82, V. 15) an, ohne ein Wort zu sagen. Woyzeck fordert ihn ein zweites Mal auf: „*Hop! hop!*" (S. 82, V. 16) Karl wiederholt Woyzecks Worte, springt dabei auf und „*laüft mit dem Kind weg*" (S. 82, V. 17f).

Szenenanalyse & Interpretation

Karls Kommentar zu Woyzecks nasser Kleidung zeigt, dass man ihn als Maries Mörder bereits enttarnt hat. Auch Karls Umgang mit Woyzeck und seinem Kind spricht dafür, denn beide scheinen Angst vor ihm zu haben. Mit Sicherheit nimmt Woyzecks Sohn Maries Abwesenheit in irgendeiner Form wahr.

Bezeichnend ist, dass Woyzeck schließlich alleine zu Hause sitzt. Von Anfang an wurde er von den Menschen in seinem Umfeld und von der Gesellschaft im Stich gelassen: Marie hat ihn betrogen, der Tambourmajor hat ihn gedemütigt und seine Männlichkeit infrage gestellt, der Hauptmann hat ihm seine Unterlegenheit vor Augen geführt, der Doktor hat ihn wie ein menschliches Versuchsobjekt behandelt. Sein einziger Freund Andres hat nicht erkannt, was ihm fehlt. Jetzt hat auch noch sein Sohn ihn verlassen. Woyzecks Schicksal ist endgültig besiegelt, weil er für sein Verbrechen voraussichtlich hingerichtet wird. Er ist an der Gesellschaft und an sich selbst gescheitert.

Mögliche Prüfungsfrage
Diskutieren Sie, inwiefern Szene 26 als Schlussszene des Dramas in Frage kommt und verwenden Sie dazu die Informationen zur fragmentarischen Überlieferung des Dramentextes aus Kapitel 3.1.

4.2 Tabellarische Kurzübersicht

Diese Übersicht verschafft noch einmal einen schnellen Überblick über die 26 einzelnen Szenen.

Szene	Personen	Handlung
Szene 1: Freies Feld	Woyzeck, Andres	Woyzeck und Andres schneiden Stöcke vor der Stadt. Woyzeck hat starke Angstvisionen.
Szene 2: Marie am Fenster	Marie, das Kind, Margreth, Woyzeck	Marie und Margreth beobachten einen Soldatenumzug. Marie findet Gefallen am Tambourmajor und wird daher von Margreth für ihre sexuelle Freizügigkeit kritisiert. Woyzeck kommt vorbei und berichtet von seinen Wahnvorstellungen.
Szene 3: auf dem Jahrmarkt	alter Mann, tanzendes Kind, Woyzeck, Ausrufer, Marie, Unteroffizier, Tambourmajor, Marktschreier	Woyzeck und Marie besuchen einen Jahrmarkt. Ein Ausrufer preist eine Vorstellung an. Der Tambourmajor und ein Unteroffizier sind ebenfalls anwesend, sie beobachten Marie aus der Ferne. Der Tambourmajor äußert sich zu Maries attraktiver äußerer Erscheinung. In der Vorstellung knüpft Marie den ersten Kontakt zum Tambourmajor.
Szene 4: Marie zu Hause	Marie, das Kind, Woyzeck	Marie sitzt mit ihrem Kind auf dem Schoß zu Hause. In einem Spiegel betrachtet sie die goldenen Ohrringe, die der Tambourmajor ihr geschenkt hat. Plötzlich kommt Woyzeck ins Zimmer und spricht sie auf die Ohrringe an. Obwohl er bereits misstrauisch ist, kann Marie ihn durch eine Lüge beschwichtigen. Woyzeck gibt ihr Geld für den Unterhalt und geht wieder.
Szene 5: beim Hauptmann	der Hauptmann, Woyzeck	Woyzeck rasiert den Hauptmann. Der Hauptmann behandelt Woyzeck äußerst herablassend und behauptet, er hätte keine Moral oder Tugend. Woyzeck entgegnet, Moral und Tugend seien eine Frage der finanziellen Mittel und versucht so, dem Hauptmann argumentativ standzuhalten. Daraufhin demütigt der Hauptmann ihn wiederholt und macht ihn auf seine niedrige gesellschaftliche Stellung aufmerksam.

Szene	Personen	Handlung
Szene 6: Straße oder Gasse	Marie, Tambourmajor	Marie und der Tambourmajor treffen sich auf der Straße. Der Tambourmajor prahlt mit seiner Männlichkeit und äußert das Bedürfnis nach Sex, was Marie sehr zu gefallen scheint. Dadurch wird die sexuelle Anziehung zwischen den beiden deutlich.
Szene 7: Straße oder Gasse	Woyzeck, Marie	Woyzeck hat Marie und den Tambourmajor auf der Straße zusammen gesehen. Eifersüchtig macht er ihr Vorwürfe, weil er ihre Untreue bereits ahnt. Marie lässt sich davon jedoch nicht einschüchtern und wirft ihm Wahnvorstellungen vor.
Szene 8: beim Doktor	der Doktor, Woyzeck	Woyzeck ist beim Doktor, um im Rahmen der Erbsendiät Urin abzugeben. Der Doktor wirft ihm äußerst verärgert eine Vertragsverletzung vor, weil Woyzeck auf die Straße uriniert hat. Sein Umgang mit Woyzeck drückt seine Überlegenheit aus. Als Woyzeck sich erklären will, nimmt der Doktor ihn nicht ernst und diagnostiziert bei ihm eine psychische Krankheit. Er will Woyzeck daher als Versuchsobjekt weiter erforschen und bietet ihm eine Gehaltserhöhung an.
Szene 9: Straße oder Gasse	der Hauptmann, der Doktor, Woyzeck	Der Hauptmann und der Doktor treffen sich auf der Straße. Durch ihr Gespräch bringen sie ihre gegenseitige Abneigung zum Ausdruck. Plötzlich läuft Woyzeck an ihnen vorbei. Der Hauptmann verwickelt ihn in ein Gespräch, indem er Maries Untreue zur Sprache bringt. Woyzeck reagiert entsetzt und auch körperlich schockiert. Aus diesem Grund bietet der Doktor ihm erneut an, sich für Geld als Versuchsobjekt zur Verfügung zu stellen. Woyzeck ist durcheinander und weiß nicht mehr, was er noch glauben soll. Als er wegläuft, kommen ihm Selbstmordgedanken.
Szene 10: die Wachstube	Andres, Woyzeck	Am Sonntag sind Woyzeck und Andres in der Wachstube. Woyzeck stellt sich vor, wie Marie und der Tambourmajor sich im Wirtshaus zum Tanz treffen und ist rasend vor Eifersucht. Weil er es nicht mehr aushält, verlässt er verbotenerweise seinen Posten und macht sich auf den Weg dorthin.
Szene 11: Wirtshaus	Handwerksburschen, Chor, Marie, Woyzeck	Woyzeck beobachtet die Tanzgesellschaft im Wirtshaus durch ein Fenster. Dabei sieht er Marie und den Tambourmajor zusammen tanzen. Dieser eindeutige Beweis für Maries Betrug ruft in ihm blankes Entsetzen hervor. Zwei Handwerksburschen philosophieren ironisch über die menschliche Existenz.

Szene	Personen	Handlung
Szene 12: Freies Feld	Woyzeck	Auf einem Feld vor der Stadt hat Woyzeck starke Wahnvorstellungen. Vor seinem inneren Auge sieht er noch immer Marie und den Tambourmajor beim Tanz. Er hört Stimmen, die ihm befehlen, Marie umzubringen.
Szene 13: Nacht	Woyzeck, Andres	Auch nachts ist Woyzecks Wahnsinnsanfall noch nicht abgeklungen. Weil er nicht schlafen kann, weckt er Andres und erzählt ihm von seinen Halluzinationen. Andres versteht ihn nicht und schläft wieder ein.
Szene 14: Wirtshaus	Tambourmajor, Woyzeck, Leute	Woyzeck und der Tambourmajor treffen sich im Wirtshaus. Der Tambourmajor ist betrunken und provoziert eine Prügelei. Woyzeck verliert und der Tambourmajor demütigt ihn.
Szene 15: beim Juden	Woyzeck, der Jude	Woyzeck kauft beim Juden ein Messer. Er plant bereits Maries Ermordung.
Szene 16: Marie zu Hause	Marie, das Kind, der Narr	Marie sitzt zu Hause und blättert in der Bibel. Dabei empfindet sie wegen ihrer Sünde vor Gott große Schuldgefühle. Sie bemerkt, dass Woyzeck seit ein paar Tagen nicht gekommen ist, ihr Kind erinnert sie zusätzlich an ihren Treuebruch. Ein Narr erzählt Märchen.
Szene 17: Kaserne	Woyzeck, Andres	In der Kaserne hinterlässt Woyzeck Andres seinen ganzen Besitz. Andres weiß nicht, wie er mit Woyzeck umgehen soll und empfiehlt ihm, sich im Lazarett behandeln zu lassen.
Szene 18: Marie vor dem Haus	Marie, Mädchen, 2 Kinder, Großmutter, Woyzeck	Marie sitzt mit mehreren Kindern vor der Haustür. Eine Großmutter erzählt ein Märchen von einem armen Waisenkind. Woyzeck kommt und holt Marie ab.
Szene 19: im Wald	Marie, Woyzeck	Woyzeck bringt Marie in den Wald vor der Stadt. Marie fühlt sich unwohl, weil Woyzeck ihr seltsame Fragen stellt und sie auf ihre Sünde anspricht. Daraufhin tötet er sie mit mehreren Messerstichen.
Szene 20: es kommen Leute	2 Personen	Zwei Personen sind im Wald unterwegs und hören in der Nähe die Schreie der sterbenden Marie. Als sie am Tatort eintreffen, rennt Woyzeck hastig weg.
Szene 21: Wirtshaus	Woyzeck, Käthe, Wirth, der Narr	Woyzeck ist nach der Tat ins Wirtshaus gelaufen. Beim Tanz bemerkt Käthe das Blut an seinem Arm. Daraufhin stellen sich die Leute im Kreis um ihn und befragen ihn. Woyzeck weiß nicht, was er sagen soll und verlässt fluchtartig das Wirtshaus.
Szene 22: Kinder vor dem Haus	2 Kinder	Zwei Kinder reden über den Mord, der sich mittlerweile herumgesprochen hat.

Szene	Personen	Handlung
Szene 23: Woyzeck allein im Wald	Woyzeck	Woyzeck geht zurück zum Tatort, um das Messer zu verstecken. Ihm ist eingefallen, dass er es dort vergessen hat. Er führt Selbstgespräche und leidet unter Wahnvorstellungen.
Szene 24: Woyzeck an einem Teich	Woyzeck	Woyzeck wirft die Mordwaffe in einen Teich. Gleich darauf bereut er es, weil er befürchtet, jemand könnte das Messer dort finden und mit Maries Ermordung in Verbindung bringen. Er watet in den Teich, wirft das Messer noch tiefer hinein und wäscht das Blut von seiner Kleidung ab.
Szene 25: Gerichtsgebäude	Gerichtsdiener, Barbier, Arzt, Richter, Polizeidiener	Im Gerichtsgebäude wird der Mord an Marie besprochen. Der Polizeidiener bemerkt, dass es schon lange kein so beispielhaftes Verbrechen mehr gegeben hat.
Szene 26: Woyzeck zu Hause	der Idiot Karl, das Kind, Woyzeck	Karl, Woyzeck und das Kind sitzen zu Hause. Karl hat das Kind auf dem Schoß, das sich von Woyzeck wegdreht und schreit. Woyzeck weiß sich nicht zu helfen und bittet Karl, für das Kind einen Lebkuchen kaufen zu gehen. Karl nimmt das Kind und geht weg. Woyzeck bleibt allein zurück.

TAB. 4.1: SZENENÜBERSICHT *Woyzeck*

Notizen

5 Charakterisierung der Hauptfiguren

Ein Blick in das Personenverzeichnis zeigt, dass die Figuren des Dramas in zwei Gruppen eingeteilt werden können. Neben den wenigen Hauptfiguren, um die sich die Handlung abspielt, treten zahlreiche andere Figuren auf, die namentlich nicht genannt werden. Diese Figuren ohne Namen sind für den Handlungsverlauf des Dramas nicht entscheidend und könnten daher jederzeit ausgetauscht werden, sie dienen als Vertreter einer bestimmten politischen oder gesellschaftlichen Bevölkerungsgruppe lediglich dem theatralischen Effekt.

Daher beschränkt sich die Charakterisierung im Folgenden auf die handlungstragenden Figuren Woyzeck, Marie, Andres, den Hauptmann, den Doktor und den Tambourmajor. Dabei sind Woyzeck und Marie die einzigen beiden Figuren, die im Personenverzeichnis mit Vor- und Nachnamen aufgeführt werden. Aber auch andere Mitglieder der Unterschicht, wie beispielsweise Andres, sind unter ihrem Namen zu finden, während der Hauptmann, der Doktor und der Tambourmajor als Repräsentanten der Oberschicht nur in ihrer beruflichen Funktion benannt sind.

Zum einen zeigt diese Verfahrensweise mit der Benennung der Figuren die systematische Abgrenzung der Unterschicht von der Oberschicht. Zum anderen zielt Büchner damit bewusst auf die Identifikation des Lesers mit den Figuren der Unterschicht ab. Speziell Woyzeck und Marie haben psychologische Tiefe, die Figur des Hauptmanns oder des Doktors beispielsweise stellen eher typisierte und vereinheitlichte Charaktere dar, die wenig Anlass zur Identifikation bieten. Dennoch nehmen sie direkt oder indirekt Einfluss auf Woyzeck und tragen damit aktiv zum Handlungsverlauf des Dramas bei, weshalb sie in der Charakterisierung berücksichtigt werden.

> **Mögliche Prüfungsfrage**
> Inwiefern lassen sich die Hauptfiguren des Dramas in zwei Gruppen einteilen? Begründen Sie.

5.1 Woyzeck

Der einsame Soldat in der Existenzkrise

Friedrich Johann Franz Woyzeck ist ein einfacher, armer Mann. Zum Zeitpunkt der Handlung lebt er in einer Stadt im Großherzogtum Hessen, dient als *„Füsilir"* (S. 34, V. 5), also als einfacher Fußsoldat im *„2. Regiment, 2. Bataillon"* (S. 34, V. 6) der 4. Kompanie und ist 30 Jahre alt. Weil er mit dieser Tätigkeit nur sehr wenig Geld verdient, gehört er zur Unterschicht und lebt am Rande der Gesellschaft. Seit etwa zwei Jahren führt er eine Beziehung mit seiner Freundin Marie, mit der er einen Sohn gezeugt hat. Aufgrund ihrer Armut können sie sich eine Eheschließung nicht leisten.

Allein mit seinem Sold kann Woyzeck die Versorgung seiner kleinen Familie nicht gewährleisten, weshalb er zusätzlich anderen Tätigkeiten nachgeht. Dazu gehören Gelegenheitsarbeiten, die er für seinen Hauptmann erledigt und die Teilnahme an einer medizinischen Studie, für die er von einem Doktor auf eine Erbsendiät gesetzt wurde. Die Arbeit nimmt den Großteil von Woyzecks Zeit in Anspruch, weshalb er keinen Freizeitbeschäftigungen nachgeht und seine Familie nur selten sieht. Zudem ist Woyzeck ständig in Eile und sieht dabei *„immer so verhetzt aus"* (S. 17, V. 15f), wie der Hauptmann in Szene 5 bemängelt. In Szene 2 bemerkt Marie zum Beispiel, dass Woyzeck *„sein Kind nicht angesehn"* (S. 11, V. 30f) hat, als er nur kurz durch das Fenster mit ihr spricht und dann direkt weiter *„zum Verles"* (S. 11, V. 19) muss. Marie lässt ihn deutlich spüren, dass Woyzeck in der Rolle des Familienvaters ihren Vorstellungen und Bedürfnissen nicht gerecht werden kann und übt dadurch zusätzlich Druck auf ihn aus. Einzig in Szene 3 auf dem Jahrmarkt wirkt Woyzeck glücklich und entspannt. Als sich dort die Gelegenheit bietet, die harten Lebensumstände einen Abend lang zu vergessen und sich in der Vorstellung zu amüsieren, ist auch Marie ausnahmsweise zufrieden: *„Das muß schön Dings seyn."* (S. 13, V. 11)

Abgesehen von Marie ist Woyzecks Kamerad Andres seine einzige Bezugsperson. Zu seiner Mutter und zu seiner Schwester besteht offensichtlich kein Kontakt, er spricht nur einmal kurz in Szene 17 über sie. Allein mit Andres redet Woyzeck über seine Probleme. In Szene 10 erzählt er ihm von seiner Eifersucht, als er vermutet, dass Marie sich mit dem Tambourmajor zum Tanz trifft: *„Andres, ich hab keine Ruh."* (S. 27, V. 21) Andres reagiert allerdings nur mit einem gleichgültigen *„[m]einetwegen"* (S. 27, V. 17) und nennt Woyzeck einen Narren. Später in Szene 13 weckt Woyzeck Andres nachts auf und berichtet von seinen Halluzinationen. Andres versucht ihn lediglich, mit ein paar kurzen Floskeln zu beschwichtigen. Er rät ihm, Schnaps zu trinken und ein Heil-Pulver einzunehmen, weil er glaubt, dass Woyzeck an einem Nervenfieber leidet. Die psychische Erkrankung übersteigt eindeutig seinen Horizont, er weiß nicht, wie er damit umgehen soll. Obwohl Woyzeck sich mehrfach an Andres wendet, erhält er keine Hilfe oder Unterstützung von ihm.

Beschränktheit und Machtlosigkeit

Woyzeck gehört der bildungsfernen Schicht an. In Szene 5 stimmt er dem Hauptmann mit einem *„Ja wohl"* (S. 17, V. 25) zu, als dieser für die Beschreibung des Wetters die unmögliche Windrichtung *„Süd-Nord"* (S. 17, V. 24) nennt. In Szene 8 machen ihn die Wissenschaftssprache und die vielen lateinischen Fachbegriffe des Doktors nervös, was er durch seine Körpersprache zum Ausdruck bringt: *„er kracht mit den Fingern"* (S. 22, V. 17). Als Repräsentanten der Oberschicht können der Hauptmann und der Doktor in ihren Gesprächen mit Woyzeck nichts mit seinen behelfsmäßigen Argumenten anfangen. Woyzeck besitzt durchaus ein gewisses Allgemeinwissen, das er wahrscheinlich vor allem durch seine Lebenserfahrung gesammelt hat. Doch obwohl er sein Wissen vielleicht einordnen könnte, fehlt ihm die nötige Bildung, um es konkret anzuwenden und sich dabei korrekt auszudrücken. Als Woyzeck dem Doktor in Szene 8 seinen natürlichen Harndrang erklären will, scheitert er an der präzisen Formulierung seiner Gedanken: *„sehn sie mit der Natur [...] das ist so was, wie soll ich doch sagen, zum Beispiel"* (S. 22, V. 16ff). Trotz seiner angestrengten Versuche kann Woyzeck sich also nur schlecht mitteilen und ist seinen Gesprächspartnern dadurch unterlegen. Diese Machtlosigkeit ist unter anderem auch der Sprachbarriere geschuldet. Woyzeck spricht hessischen Dialekt und äußert sich häufig in kurzen, elliptischen und grammatikalisch falschen Sätzen. Seine Argumente wirken wirr und wenig durchdacht, weshalb der Hauptmann und der Doktor ihn nicht verstehen (wollen).

Dabei fällt auf, dass er sich des Öfteren biblischer Phrasen bedient, wenn er seine Gedanken nicht in eigenen Worten ausdrücken kann. In Szene 1 greift er zur Beschreibung seiner Angstvisionen auf eine Passage aus der Offenbarung des Johannes zurück. Als der Hauptmann ihn in Szene 5 auf sein uneheliches Kind anspricht, zitiert er den bekannten Satz aus der Kindersegnung Jesu: *„Der Herr sprach: Lasset die Kindlein zu mir kommen."* (S. 18, V. 6f) Doch auch hier stößt Woyzeck an seine Grenzen: in Szene 17 rechnet er sein Alter aus und geht dabei vom Datum der *„Mariae Verkündigung"* (S. 34, V. 7) aus, da er an diesem christlichen Feiertag geboren wurde. Allerdings ist Woyzecks Berechnung falsch, was vermuten lässt, dass er das genaue Datum des Feiertags eigentlich gar nicht kennt.

Woyzeck ist zumindest in der Lage, seine Lebensumstände zu erkennen: *„ich bin ein armer Teufel"* (S. 25, V. 24). Doch weiß er nicht, wie er sie ändern kann. Ein Leben ohne seine Familie ist für ihn keine Option, weil sie ihm den einzigen Halt gibt. Allerdings versucht er gar nicht erst, Maries Untreue Einhalt zu gebieten oder sie zurückzugewinnen. Die Demütigungen von Hauptmann und Doktor nimmt er schlicht und ergreifend hin, weil er davon überzeugt ist, finanziell abhängig von ihnen zu sein. Seitdem er in Szene 14 endgültig den Beschluss gefasst hat, Marie zu ermorden, fügt er sich bereitwillig seinem Schicksal. Woyzecks Handlungen sind geprägt von einer folgenschweren Machtlosigkeit, die ihn letztendlich ins Verderben stürzt.

Psychischer Verfall durch systematische Demütigung

Woyzeck ist schon zu Beginn des Dramas in einer schlechten gesundheitlichen Verfassung. Die Teilnahme an der Ernährungsstudie des Doktors schwächt den ohnehin kleinen und schmächtigen Mann körperlich zusätzlich. Die Diät verursacht Hitzewallungen, einen schwachen und unregelmäßigen Puls sowie die mangelnde Kontrolle über den eigenen Harndrang. Darüber hinaus wird Woyzeck von Halluzinationen und Verfolgungswahn gequält. Bereits in Szene 1 erkennt er in einem Feld vor der Stadt eine apokalyptische Totenlandschaft, sieht am Horizont ein *„Feuer"* (S. 9, V. 26) brennen und hört ein *„Getös [...] wie Posaunen"* (S. 9, V. 27). In Szene 2 ist er fest davon überzeugt, dass ihn die Freimaurer verfolgen: *„Es ist hinter mir gegangen bis vor die Stadt."* (S. 11, V. 26f) Bei den Menschen in seinem Umfeld löst er mit seinen düsteren Wahnvorstellungen Angst aus, wie beispielsweise bei Marie am Ende von Szene 2: *„Der Mann! So vergeistert. [...] Es schaudert mich."* (S. 11f, V. 30ff) Dabei stößt Woyzeck auf wenig Verständnis oder gar Unterstützung, weil sowohl Marie als auch Andres seine Symptome nicht richtig einordnen können und nicht wissen, wie sie damit umgehen sollen. Denn Woyzeck leidet an einer fortgeschrittenen psychischen Erkrankung, die sich im Verlauf des Dramas zu einer ausgereiften schizophrenen Psychose entwickelt und ihn schließlich vollständig den Bezug zur Realität verlieren lässt.

Während er den alltäglichen Anforderungen kaum gerecht werden kann, die mit der Pflicht zur finanziellen Versorgung von Marie und seinem Sohn einhergehen, muss er in seinem beruflichen Umfeld fortwährend die boshaften Demütigungen von verschiedenen Mitgliedern der sozialen Oberschicht ertragen. Sowohl der Hauptmann als auch der Doktor machen Woyzeck gegenüber durch ihre Umgangsweise deutlich, dass er ihnen unterlegen ist. Der Hauptmann erniedrigt ihn unter anderem in Szene 5, als er ihn auf seine fehlende Bildung aufmerksam macht: *„O er ist dumm, ganz abscheulich dumm."* (S. 17, V. 27) Weiterhin führt er ihm klar seine soziale Stellung vor Augen, als er Woyzecks Kind anspricht, das *„ohne den Segen der Kirche"* (S. 17, V. 32) aufwachsen muss. In Szene 8 behandelt der Doktor Woyzeck als menschliches Versuchsobjekt, beschimpft und tritt ihn und bringt damit seine Geringschätzung zum Ausdruck. Er freut sich darüber, dass Woyzecks psychische Krankheit *„sehr schön ausgeprägt"* (S. 22, V. 32f) ist, weil er sich damit bestens für seine Forschungszwecke eignet. Die Erniedrigung durch die Repräsentanten der Oberschicht gipfelt schließlich in Szene 9, als der Hauptmann und der Doktor ihn gemeinsam auf der Straße in ein Gespräch verwickeln und dabei auf Maries Untreue ansprechen.

Die Demütigung von Hauptmann und Doktor kann Woyzeck noch einigermaßen ertragen, letztendlich stellen Maries Untreue und Egoismus den entscheidenden Auslöser für die Psychose dar. Zwar verschlimmert die Kombination aus Existenzkrise, chronischer Überarbeitung, Geringschätzung und Mangelernährung die Symptome seiner psychischen Erkrankung massiv, doch anfangs zeigt Woyzeck sich noch relativ stabil. Die Rolle des Familienversorgers gibt seinem Leben ein gewisses Ordnungsprinzip und ihm selbst dadurch eine Existenzberechtigung. Woyzeck ist durchaus verantwortungsbewusst und weiß daher, dass er sich die Vernachlässigung seiner Pflichten nicht erlauben darf. Beispielsweise gibt er Marie in Szene 4 trotz ihrer Auseinandersetzung wegen der Ohrringe Geld für den Unterhalt. Als er Maries Affäre spätestens seit Szene 11 endgültig nicht mehr leugnen kann, verliert er jeden Halt und den letzten Rest seiner Würde. In Szene 9 hat er zuvor deutlich gemacht, dass er außer Marie und seinem Sohn *„sonst nichts auf der Welt"* (S. 25, V. 25) hat.

Als Marie ihm durch ihre Affäre seinen einzigen Lebensinhalt nimmt, tritt anstelle der selbst aufgezwungenen Disziplin und Kontrolle das Bedürfnis nach einem regelrechten Befreiungsschlag, das sich durch starke Wahnsinnsanfälle und den Verlust des eigenen Lebenswillens äußert. Darauf folgt eine Reihe von für Woyzeck untypischen Pflichtverletzungen, die sich bereits in Szene 10 anbahnt, als er verbotenerweise seinen Posten in der Wachstube verlässt, um im Wirtshaus nach Marie und dem Tambourmajor zu sehen. Als er in Szene 15 beim Juden das Messer kauft, gibt er dafür genau die *„[z]wei Groschen"* (S. 32, V. 12) aus, die er am Tag zuvor für die Teilnahme am Ernährungsexperiment des Doktors verdient hat. Auch Marie bemerkt in Szene 16, dass Woyzeck seit Tagen nicht mehr bei ihr war: *„Der Franz ist nit gekommen, gestern nit, heut nit"* (S. 33, V. 8f). In Szene 17 trennt Woyzeck sich von seinem gesamten Besitz.

In Bezug auf Woyzecks innere Einstellung markiert Szene 11 einen zentralen Wendepunkt. Woyzeck beobachtet Marie und den Tambourmajor beim Tanz und kann die erotische Anziehung zwischen den beiden selbst vom Fenster aus deutlich erkennen: *„dreht Euch, wälzt Euch. [. . .] Thut's am hellen Tag, thut's einem auf den Händen, wie die Mücken."* (S. 29, V. 4ff) Er ist entsetzt über Maries öffentlichen Betrug und kann die Augen nicht länger davor verschließen. Im Anschluss hat er in Szene 12 einen heftigen Wahnsinnsanfall und hört dabei Stimmen, die ihm befehlen, Marie zu töten: *„stich, stich die Zickwolfin todt."* (S. 30, V. 6f) Schließlich trägt auch die Demütigung durch den Tambourmajor bei der Prügelei im Wirtshaus in Szene 14 maßgeblich zu seinen Mordplänen bei. Der Tambourmajor gewinnt nicht nur den Zweikampf, sondern macht sich im Anschluss noch über Woyzeck lustig. Dadurch wird diesem noch einmal deutlich vor Augen geführt, dass er sich gegen seinen Rivalen nicht behaupten kann. Er hat Marie längst an einen anderen Mann verloren.

Als er Marie in Szene 19 in einer Art psychotischem Anfall in den Wald bringt, um sie dort mit zahlreichen Messerstichen zu töten, entlädt sich die aufgestaute Frustration und verwandelt sich schlagartig in wilde Aggression: *„Nimm das und das! Kannst du nicht sterben. So! so!"* (S. 36, V. 27f) Aus seinem Verhalten im Anschluss an die Tat wird ersichtlich, dass er das Verbrechen wenig durchdacht und seine psychische Verfassung ihm längst jede Zurechnungsfähigkeit genommen hat. Leichtsinnig lässt er Maries Leiche mit dem Messer daneben im Wald liegen. Als sich plötzlich Leute dem Tatort nähern, läuft er einfach weg und findet sich in Szene 21 plötzlich im Wirtshaus wieder. In einem euphorischen Blutrausch nimmt er ausgelassen am Tanz teil und verrät sich durch seine blutige Kleidung dabei selbst. Er kann die Konsequenzen seiner Tat im Wahn nicht klar bedenken, was ihn erneut in eine innere Unruhe versetzt. Als ihn die Menschen im Wirtshaus ansprechen, fühlt er sich in die Enge getrieben: *„Teufel, was wollt Ihr?"* (S. 38, V. 27) Nachdem er sich selbst als Mörder zu erkennen gegeben hat und panisch das Wirtshaus verlässt, fällt ihm ein, dass das Messer noch immer am Tatort liegt: *„Ich hab' es da gelassen."* (S. 39, V. 14f) Hektisch läuft er zurück in den Wald und wirft die Mordwaffe undurchdacht in einen Teich, was ihm kurz danach selbst auffällt: *„hätt' ich es zerbrochen!"* (S. 40, V. 10) Er watet ins Wasser, um das Blut von sich abzuwaschen und denkt dabei nicht daran, dass ihn nun seine nasse Kleidung verraten könnte.

Seit Szene 12 hat Woyzecks Psychose ihn und sein Handeln vollständig im Griff. Er ist im wahrsten Sinne des Wortes geisteskrank und daher nicht mehr Herr seiner Sinne. Aus diesem Grund ist sein Schicksal von diesem Moment an prädestiniert. Der pflichtbewusste Familienversorger wird zum kopflosen Mörder und erkennt vermutlich erst viel zu spät, dass er sich damit auch seine eigene Lebensgrundlage genommen hat.

> **Mögliche Prüfungsfrage**
> Stellen Sie die Entwicklung von Woyzecks Psychose anhand des Dramentextes dar. Berücksichtigen Sie dafür insbesondere die Szenen 1, 11, 12, 13, 21 und 23.

5.2 Marie

Entbehrungsreicher Alltag, unbefriedigte Bedürfnisse und soziale Isolation

Marie Zickwolf ist seit etwa zwei Jahren die Freundin von Woyzeck und die weibliche Hauptperson des Dramas. Die meiste Zeit verbringt sie zu Hause und kümmert sich um ihren gemeinsamen Sohn. Woyzeck versorgt sie und das Kind zwar finanziell, doch das Geld reicht nicht für schöne Gegenstände oder unterhaltsame Freizeitbeschäftigungen aus. Daher gestaltet sich Maries Alltag weitestgehend eintönig und trostlos. Ebenso wie Woyzeck gehört sie zur sozialen Unterschicht. Während ihr Freund aufgrund der chronischen Überarbeitung nur wenig Zeit hat, seine Lebensumstände zu reflektieren, ist Marie sehr unzufrieden mit den gegenwärtigen Verhältnissen. In Szene 4 stellt sie missmutig fest: *„Unsereins hat nur ein Eckchen in der Welt"* (S. 15, V. 14f). Sie ist sich bewusst, dass weder sie selbst noch Woyzeck ihr einen Ausweg aus der Situation bieten kann. Ihre Frustration wird unter anderem in Szene 2 deutlich, als sie ihrem Sohn ein Volkslied vorsingt: *„Mädel, was fangst du jetzt an / Hast ein klein Kind und kein Mann [...] / Giebt mir kein Mensch nix dazu."* (S. 11, V. 5ff)

Darüber hinaus ist Marie auch unzufrieden mit Woyzeck. Die Beziehung der beiden wirkt äußerst distanziert. Woyzeck hat selten Zeit für Marie und schenkt ihr sowie seinem Sohn nur wenig Aufmerksamkeit. Weiterhin wird im gesamten Drama nahezu keine Intimität oder körperliche Anziehung zwischen dem Paar geschildert. Nur in Szene 19 äußert Woyzeck kurz vor Maries Ermordung den Wunsch, *„sie noch einmal zu küssen"* (S. 36, V. 17). Von Marie ausgehend liefert zumindest das gemeinsame Kind mit Woyzeck den Hinweis, dass sie eine sexuelle Beziehung zu ihm (gehabt) hat. Woyzeck kann also weder ihr Bedürfnis nach Intimität noch ihren Wunsch nach sozialem Aufstieg erfüllen. Für Marie bildet die Beziehung keine solide Grundlage, sie vermisst Liebe und emotionale Unterstützung. Stattdessen machen ihr seine finsteren Halluzinationen sogar Angst, als er ihr beispielsweise in Szene 2 von seinem Verfolgungswahn erzählt.

Aufgrund der Armut kann sich das junge Paar auch die Eheschließung nicht leisten. Als Mutter eines unehelichen Kindes wird Marie von der Gesellschaft verurteilt und lebt daher weitestgehend in sozialer Isolation. Neben Woyzeck hat sie nur zu ihrer Nachbarin Margreth Kontakt, doch selbst von ihr muss sie herablassende Kommentare ertragen. In Szene 2 beobachten Marie und Margreth vom Fenster aus den Soldatenumzug, in dem Woyzeck marschiert. Interessant ist weiterhin, dass Margreth dabei vor dem Fenster steht, was ihre Distanz zu Marie zeigt. Marie hingegen steht im Inneren und veranschaulicht damit erneut ihre gesellschaftliche Isolation. Weil Marie die Attraktivität des stattlichen Tambourmajors anspricht, äußert Margreth sich über ihre sexuelle Freizügigkeit: *„sie guckt 7 Paar lederne Hose durch."* (S. 10, V. 26f) Andererseits zeigt diese Situation die Doppelmoral der Gesellschaft, denn auch Margreth bekundet Interesse am Tambourmajor. Tatsächlich ist sie sogar noch vor Marie auf ihn zu sprechen gekommen: *„Was ein Mann, wie ein Baum."* (S. 10, V. 13) Doch anders als Marie geht sie ihren sexuellen Bedürfnissen nicht nach. Marie hat durch ihr Kind mit Woyzeck bereits bewiesen, dass sie sich auf uneheliche Sexualkontakte einlässt und wird von Margreth daher als triebgesteuert und lasziv dargestellt: *„Ihre Auge glänze ja"* (S. 10, V. 21). Als Mitglieder der Unterschicht gehören Marie und auch Woyzeck zu den zügellosen und unbeherrschten Menschen aus *„Fleisch und Blut"* (S. 18, V. 15), wie Woyzeck es in Szene 5 formuliert. Maries Affäre mit dem Tambourmajor ist also keine Überraschung, ganz im Gegenteil, aufgrund der gesellschaftlich nicht akzeptierten Beziehung mit Woyzeck wird gar nichts anderes von ihr erwartet. Auf der einen Seite ist es der Hauptmann als Repräsentant der Oberschicht, der in Szene 9 die Untreue von Woyzecks Freundin zur Sprache bringt, als er ihn heimtückisch fragt, ob er in seiner Suppe nicht längst *„ein Haar von einem Menschen, vom Bart eines [...] Tambourmajors"* (S. 25, V. 11ff) gefunden hätte. Doch auch die ihr sozial gleichgestellten Menschen aus ihrem Umfeld blicken auf sie herab, wie die Unterhaltung mit Margreth zeigt. So ist es in Szene 19 zuletzt sogar Woyzeck selbst, der sie als Hure bezeichnet, wenn er ihren *„heiße[n] Hurenatem"* (S. 36, V. 15f) anspricht.

Der Traum von einem besseren Leben

Marie ist eine junge und schöne Frau. In Szene 3 kann der Tambourmajor ihre optischen Reize schon aus der Ferne deutlich erkennen: *„Was ein Weibsbild."* (S. 13, V. 15f) Doch auch sie selbst ist sich ihrer Attraktivität bewusst. In Szene 4 vergleicht sie sich mit den *„großen Madamen"* (S. 15, V. 17) der Oberschicht, denen sie zumindest äußerlich in nichts nachsteht: *„und doch hab' ich einen so rothen Mund"* (S. 15, V. 16f). Unter anderem glaubt sie auch deswegen, sie hätte das Recht auf einen besseren Lebensstandard. Sie stellt ihre eigenen Wünsche und Bedürfnisse in den Vordergrund und denkt dabei nur wenig an Woyzeck. Auf seine Nachfrage hin leugnet sie mehrfach ihre Untreue und nimmt trotzdem weiter sein Geld an, was sie kaltblütig und undankbar wirken lässt.

Der Tambourmajor ist das Symbol für Maries Sehnsucht nach einem besseren Leben. Nicht ohne Grund scheint er das genaue Gegenteil von Woyzeck zu sein. Er ist groß, attraktiv und hat einen höheren militärischen sowie sozialen Rang. Eine wichtige Rolle spielt dabei auch das teure Geschenk, das er ihr macht. Zwischen Szene 3 und 4 hat sie vom Tambourmajor goldene Ohrringe bekommen: *„Was die Steine glänzen!"* (S. 15, V. 5) Woyzeck könnte sich so kostspieligen Schmuck niemals leisten. Generell ist Marie mit materiellen Dingen leicht zu beeindrucken, sie lässt sich stark vom Schein blenden. Das wird bereits in Szene 3 deutlich, als sie mit Woyzeck den Jahrmarkt besucht und schnell von den bunten Lichtern und den verheißungsvollen Ankündigungen des Marktschreiers angetan ist: *„Was Lichter"* (S. 13, V. 24). Weiterhin kann der Tambourmajor gerade mit seiner Taschenuhr ihre Aufmerksamkeit erlangen, weshalb sie sofort zu ihm nach vorne klettert. Durch die Affäre mit ihm erhofft sich Marie zu Beginn vor allem die Chance auf einen sozialen Aufstieg. In Szene 4 singt sie ihrem Sohn ein Volkslied über einen Jungen, der sein

Mädchen an der Hand nimmt und sie *„[f]ort in's Zigeunerland"* (S. 15, V. 13) führt. Sie wünscht sich, ihr jetziges Leben hinter sich zu lassen und von vorne anzufangen, möglicherweise mit dem Tambourmajor an ihrer Seite.

Doch bei ihrem Verhältnis mit dem Tambourmajor handelt es sich nicht um eine Liebesbeziehung, sondern lediglich um eine oberflächliche, sexuelle Anziehung. Möglicherweise hat sie anfangs aufgrund ihrer Naivität wirklich auf eine ernsthafte Beziehung mit ihm gehofft. Allerdings wird auch ihr schnell bewusst, dass dieser Traum nicht in Erfüllung gehen wird. Schon in Szene 6 macht der Tambourmajor ihr gegenüber deutlich, dass er sich vor allem wegen ihrer Attraktivität für sie interessiert und äußert sehr direkt den Wunsch nach Sex: *„Sapperment, wir wollen eine Zucht von Tambour-Major's anlegen. He?"* (S. 19, V. 27f) Trotzdem trifft sie sich weiter mit ihm und hat augenscheinlich kein Problem damit, diese oberflächliche Beziehung vorerst weiter aufrechtzuerhalten. Beim gemeinsamen Tanz in Szene 11 hört Woyzeck sie vom Fenster aus sagen, dass sie gerne *„immer, zu, immer zu"* (S. 28, V. 30) mit dem Tambourmajor weiter tanzen würde. Um ihre unveränderliche und aussichtslose Situation zu vergessen, träumt Marie sich nur allzu gern in eine schöne Scheinwelt, in der sie wie die Damen der Oberschicht von reichen, stattlichen Männern umworben wird. Vielleicht entscheidet sie sich gerade deswegen dafür, ihre Affäre in aller Öffentlichkeit zur Schau zu stellen. Auch dies macht erneut deutlich, dass sie dabei ihre eigenen Bedürfnisse priorisiert und sich wenig Gedanken darüber macht, welche Auswirkungen ihr Verhalten auf Woyzeck und ihre Beziehung haben könnte.

> **Mögliche Prüfungsfrage**
> Erklären Sie Maries Sehnsucht nach einem besseren Leben vor dem Hintergrund ihrer sozialen Stellung. Gehen Sie dabei insbesondere auf Maries Verhältnis mit dem Tambourmajor ein und verwenden Sie dazu auch die Informationen zur Figurenkonstellation zwischen Marie und dem Tambourmajor aus Kapitel 6.3.

Ambivalenz und Fatalismus

Maries Verhalten zeigt auch eine starke Ambivalenz. So scheint sie der Erfüllung ihrer Bedürfnisse durch ihr Handeln regelrecht entgegenzuwirken. Zu Beginn des Dramas wird deutlich, dass sie sich ihrer gesellschaftlichen Stellung durchaus bewusst ist. Obwohl sie sich ein besseres Leben wünscht und überzeugt ist, dass sie das auch verdient, erkennt und akzeptiert sie ihre Situation. In Szene 2 bezeichnet sie ihren Sohn selbst als ein *„arm Hurenkind"* (S. 11, V. 3). Trotzdem hat sie zuvor Margreth gegenüber eindeutig ihr Interesse am Tambourmajor ausgedrückt. Generell ist das Verhältnis mit dem Tambourmajor der beste Beweis für Maries inkonsequentes Verhalten. Sie weiß spätestens seit Szene 6, dass er sich nur oberflächlich für sie interessiert. Dennoch trifft sie sich weiterhin mit ihm und stellt die Beziehung öffentlich zur Schau. Dabei müsste ihr eigentlich bewusst sein, dass sie damit nur das Bild der freizügigen und sprunghaften Frau bestätigt, das die Gesellschaft von ihr hat. Stattdessen gibt sie die Beziehung zu Woyzeck auf, der zwar arm ist, aber zumindest alles dafür tun würde, sie und ihr Kind finanziell zu versorgen.

Auch ihr Glaube an Gott ist für Marie kein Anlass, die Affäre mit dem Tambourmajor zu beenden. In Szene 16 liest sie in einer Bibelpassage über eine Ehebrecherin, die von Jesus Vergebung erlangt. Marie schämt sich für ihre Sünde: *„Herrgott! Sieh mich nicht an."* (S. 32, V. 21) Laut der Bibel ist die Vergebung Gottes allerdings an die Voraussetzung geknüpft, die Affäre zu beenden. Sie weiß jedoch, dass sie das Verhältnis mit dem Tambourmajor nicht aufgeben wird: *„Herrgott! Ich kann nicht."* (S. 32, V. 27)

Woyzeck gegenüber hat sie wegen ihrer Untreue nur kurz zu Beginn des Dramas ein schlechtes Gewissen. In Szene 4 lügt sie ihn wegen der Ohrringe an, die der Tambourmajor ihr geschenkt hat. Als Woyzeck sich nicht auf eine Diskussion mit ihr einlassen will, ihr stattdessen Geld in die Hand drückt und daraufhin wieder geht, gesteht sie sich ein: *„ich bin doch ein schlecht Mensch."* (S. 16, V. 13f) Obwohl sie ihr verwerfliches Verhalten zumindest erkennt und reflektiert, rechtfertigt sie es sogleich fatalistisch-resignativ: *„Ach! Was Welt? Geht doch Alles zum Teufel, Mann und Weib."* (S. 16, V. 15f) Diese Reaktion basiert auf Maries grundlegender Einstellung, nach der sie ihre Lebensumstände nicht verdient hat, aber sowieso nichts an ihrer Situation ändern kann. Daher hat sie auch im weiteren Verlauf ihrer Affäre kein Problem damit, Woyzeck anzulügen. Als er sie in Szene 7 zusammen mit dem Tambourmajor auf der Straße sieht und sie auf ihre *„Sünde"* (S. 20, V. 16) anspricht, bezeichnet sie ihn zunächst als geistig verwirrt: *„Franz, du red'st im Fieber."* (S. 20, V. 22) Selbst als Woyzeck sich dieses Mal nicht einfach so beschwichtigen lässt und darauf besteht, dass der Tambourmajor ganz sicher soeben *„da gestanden"* (S. 20, V. 23) hat, weicht Marie ihm aus: *„Dieweil der Tag lang und die Welt alt ist, können viel Menschen an einem Platz stehen"* (S. 20, V. 24f). Obwohl sie ihrer Beziehung zu Woyzeck anscheinend wenig Bedeutung beimisst, bemerkt sie in Szene 16 dennoch, dass er seit Tagen nicht bei ihr war. Darüber, ob Marie sich irgendwann doch noch für Woyzeck entschieden hätte, kann nur spekuliert werden. Denn dieser hat sich in der Zwischenzeit schon dafür entschieden, ihrem Leben ein Ende zu setzen. Maries fatale Fehleinschätzung in Bezug auf die Konsequenzen ihres Handelns wird deutlich, als sie in Szene 19 erst viel zu spät erkennt, dass Woyzeck sie zwecks ihres eigenen Todes in den Wald geführt hat: *„Was hast du vor? [...] Franz halt. Um des Himmels willen, He Hülfe"* (S. 36, V. 25f). Ihr pragmatisches und egoistisches Verhalten wird ihr zuletzt also zum Verhängnis.

In Bezug auf ihre fatalistische Grundeinstellung veranschaulicht auch die Beziehung zu ihrem Kind den Entwicklungsprozess ihres Schuldbewusstseins. Anfangs zeigt sie sich in Szene 2 ihrem Sohn gegenüber noch liebevoll und freut sich: *„Komm mein Bub. [...] machst deiner Mutter Freud mit deim unehrliche Gesicht. Sa! Sa!"* (S. 11, V. 1ff) In Szene 4 scheint sich diese Haltung bereits zu verflüchtigen. Weil sie mit den Ohrringen vom Tambourmajor beschäftigt ist und sich träumerisch im Spiegel betrachtet, will sie nicht gestört werden und versucht, das Kind zum Einschlafen zu bringen: *„Still Bub, die Auge zu, das Schlafengelchen!"* (S. 15, V. 21) Als das Verhältnis mit dem Tambourmajor immer länger andauert, erinnert ihr Sohn sie in Szene 16 an ihren Treuebruch. Sein Anblick bereitet ihr ein schlechtes Gewissen und versetzt ihr *„einen Stich in's Herz"* (S. 33, V. 1), weshalb sie ihn von sich wegschiebt.

5.3 Andres

Vertrauter und Feind

Andres gehört zur sozialen Unterschicht und lebt als einfacher Soldat ebenso wie Woyzeck in ärmlichen Verhältnissen. Das Drama enthält keine Informationen zu seiner familiären Situation und auch sonst erfahren wir über Andres nur wenig. Er präsentiert sich als fröhlicher und gefestigter Mensch und singt meist einfache Volks- oder Kinderlieder, um sich sein bescheidenes Leben zu verschönern.

Er ist Woyzecks Freund und engster Vertrauter. In den Gesprächen mit ihm redet Woyzeck über seine Probleme und Ängste. Die beiden leben zusammen in der Kaserne und teilen sich ein Bett. In Szene 1 schneiden sie zusammen Stöcke auf dem Feld, als Woyzeck ihm von seinen Wahnvorstellungen erzählt: *„Andres, das waren die Freimaurer"* (S. 9, V. 9). Doch Andres verbleibt in der

Rolle des Zuhörers und geht inhaltlich nicht auf seine Äußerungen ein. Woyzecks wirres Gerede scheint ihn nicht besonders zu interessieren. Als dieser ihm in Szene 9 seinen Verdacht auf Maries Untreue mitteilt, kommentiert Andres nur das schöne Wetter und nennt ihn einen Narren. In Szene 13 erzählt Woyzeck ihm nachts von den Ereignissen im Wirtshaus, weil ihn die Gedanken an den Tanz von Marie mit dem Tambourmajor noch immer verfolgen. Andres reagiert nur halbherzig darauf: *„Ja, - laß sie tanzen!"* (S. 30, V. 18) Er will lieber weiterschlafen, anstatt sich mit den Ängsten seines Freundes zu beschäftigen. Für Andres deuten Woyzecks Symptome auf ein Nervenfieber hin, weshalb er ihm rät, sie mit Schnaps und Pulver zu behandeln. Als Woyzecks Mordpläne in Szene 17 bereits feststehen, schenkt er Andres seinen gesamten Besitz, was erneut seine Verbundenheit mit diesem veranschaulicht. Hier wirkt Andres nicht mehr nur desinteressiert, sondern auch überfordert und rät seinem Freund, sich ins *„Lazareth"* (S. 34, V. 9) einweisen zu lassen. Obwohl Woyzeck sein eigenes Schicksal bereits andeutet, erkennt Andres nicht, was er vorhat. Er ist nicht fähig, zu sehen, was Woyzeck wirklich beschäftigt und kann ihm daher nicht helfen.

Die Spiegelfigur

Anders als Woyzeck zerbricht Andres nicht an seinen Lebensverhältnissen und wird damit zu Woyzecks Spiegelfigur. Das gesamte Drama über ist sein Verhalten geprägt von Geradlinigkeit und Gemütsruhe. Natürlich ist auch er nicht in der Lage, etwas an seiner Situation zu ändern, kommt aber scheinbar gut damit zurecht. Während Woyzeck in Szene 10 die Wachstube verlässt, weil er Marie und den Tambourmajor beim gemeinsamen Tanz im Wirtshaus vermutet, zeigt Andres sich weiterhin pflichtbewusst und bleibt auf seinem Posten. In Szene 13 kann Woyzeck aufgrund seiner Halluzinationen nicht schlafen und weckt Andres auf, der sogleich wieder in einen tiefen Schlaf fällt. In den Gesprächen mit dem bodenständigen Andres tritt Woyzecks geistige Verwirrtheit umso deutlicher hervor. In Szene 1 bringen Woyzecks düstere Wahnvorstellungen Andres gewiss kurzzeitig aus dem Konzept. Woyzeck *„reißt ihn in's Gebüsch"* (S. 9, V. 28f) und jagt ihm damit Angst ein: *„Ich fürcht mich."* (S. 9, V. 21) Kurz darauf hat Andres sich allerdings schon wieder gefangen und macht Woyzeck auf das Trommelsignal aufmerksam, was die Soldaten zur Rückkehr in die Kaserne auffordert. Mit Woyzecks fortschreitender Psychose entfernt er sich immer mehr von Andres. Nachdem er ihm in Szene 17 seinen Besitz geschenkt hat, bricht die Kommunikation zwischen den beiden ab.

5.4 Der Hauptmann

Ein Spottbild der Oberschicht

Der Hauptmann wird namentlich nicht genannt und ist für die Handlung des Dramas nur in seiner Funktion als Repräsentant der Oberschicht relevant. Weil er zu den Figuren ohne psychologische Tiefe gehört, erfahren wir ebenfalls nur wenig über seine Persönlichkeit. Weiterhin enthält der Text keine Informationen über seine familiäre Situation. In Szene 5 wird angedeutet, dass er alleinstehend ist, da er häufig vom Fenster aus den Mädchen auf der Straße nachsieht und ihm dabei die Liebe kommt. Vermutlich ist er schon älter und in einer schlechten körperlichen Verfassung. Der Doktor mustert ihn in Szene 9 und stellt fest: *„Hm, aufgedunsen, fett, dicker Hals, apoplectische Constitution."* (S. 24, V. 1f) Er denkt, dass der Hauptmann bald einen Schlaganfall haben könnte. Das Übergewicht ist unter anderem auf die Lebensumstände des Hauptmanns zurückzuführen.

Er hat einen hohen militärischen Rang, gehört damit zur sozialen Oberschicht und besitzt genug Geld, um sich durchgehend bedienen zu lassen. Daher sitzt er die meiste Zeit faul und gelangweilt zu Hause, was ihn in eine melancholische Stimmung versetzt. In Szene 9 erzählt er dem Doktor: *„ich bin so schwermüthig ich habe so was schwärmerisches"* (S. 23, V. 26f). Auch als Woyzeck ihm in Szene 5 den Bart rasiert, beklagt er sich über seinen eintönigen Lebensstil: *„ich kann kein Mühlrad mehr sehn, oder ich werd' melancholisch."* (S. 17, V. 12f) Dabei gerät er ins Philosophieren: *„Es wird mit ganz angst um die Welt, wenn ich an die Ewigkeit denke."* (S. 17, V. 4f)

Obwohl der Hauptmann nur in den Szenen 5 und 9 auftritt, nimmt er innerhalb des Dramas eine wichtige Rolle ein. Er präsentiert sich als gelangweilter und selbstbezogener Wichtigtuer. Denn der Hauptmann ist von seinem Intellekt und Scharfsinn überzeugt, obwohl sich seine Äußerungen unter genauer Betrachtung auf inhaltsleere und belanglose Phrasen beschränken. Seine vermeintlich originellen Gedanken sind gekennzeichnet von zahlreichen Brüchen und Tautologien: *„ewig das ist ewig, das ist ewig [. . .]; nun ist es aber wieder nicht ewig und das ist ein Augenblick, ja, ein Augenblick"* (S. 17, V. 6ff). Als Mitglied der Oberschicht sieht er sich selbst als Vertreter bestimmter Institutionen, wie beispielsweise der Gesellschaft oder der Kirche. In Szene 5 klärt er Woyzeck über das Wesen des guten Menschen auf, indem er ihm Moral und Tugend näher bringt: *„Moral das ist wenn man moralisch ist, versteht er. Es ist ein gutes Wort."* (S. 17, V. 30f) Dadurch wird allerdings deutlich, dass der Hauptmann die Bedeutung dieser Begriffe überhaupt nicht versteht. Für ihn bilden sie nur ein Kontingent an Verhaltensregeln, die von der Gesellschaft vorgegeben sind und daher nicht hinterfragt werden müssen. Zu Beginn von Szene 9 ermahnt er den Doktor, langsamer zu gehen, denn *„[e]in guter Mensch, der sein gutes Gewissen hat, geht nicht so schnell."* (S. 23, V. 21ff) Allerdings stellt der Hauptmann auch diese Behauptung einfach so in den Raum und erklärt sie nicht weiter. Darüber hinaus verhält er sich Woyzeck gegenüber keinesfalls ethisch korrekt, obwohl er von sich selbst mehrfach behauptet, er sei ein guter Mensch. Büchner macht sich am Beispiel des Hauptmanns spöttisch über die privilegierte Oberschicht lustig und bringt damit seine Gesellschaftskritik zum Ausdruck.

Boshafte Demütigung

Der Hauptmann ist Woyzecks Vorgesetzter. In der Rasierszene stellt er seine Überlegenheit deutlich zur Schau, indem er Woyzeck auf gehässige Art und Weise schikaniert. Anfangs ermahnt er ihn, sich nicht so zu beeilen: *„Langsam, Woyzeck, langsam; ein's nach dem andern"* (S. 16, V. 21f). Denn er genießt den Luxus, Zeit im Überfluss zu haben. Obwohl er weiß, dass Woyzeck ständig hart für seinen Lebensunterhalt arbeiten muss und die Rasur für ihn nur ein Nebenverdienst ist, liegt ihm nichts daran, diese schnell zu beenden. Stattdessen fragt er ihn, was er *„denn mit der ungeheuren Zeit all anfangen"* (S. 16, V. 27f) will und wirkt dadurch äußerst taktlos und herablassend. Woyzeck besitzt zunächst nicht den Mut, auf diese Kränkung einzugehen und fährt schweigend mit der Rasur fort, weshalb der Hauptmann ihn persönlich angreift. Für ihn ist Woyzeck kein guter Mensch, weil er *„immer so verhetzt"* (S. 17, V. 15f) aussieht. Um eine Reaktion zu provozieren, spricht er ihn auf das Wetter draußen an, indem er die unmögliche Windrichtung *„Süd-Nord"* (S. 17, V. 24) vorschlägt. Als Woyzeck ihm resigniert mit einem *„Ja wohl"* (S. 17, V. 25) recht gibt, lacht der Hauptmann ihn gehässig aus und bezeichnet ihn als dumm. Um Woyzeck noch weiter gezielt zu erniedrigen, spricht er ihn auf seine fehlende Moral und Tugend an und bringt sein uneheliches Kind ins Spiel. Als Woyzeck daraufhin endlich am Gespräch teilnimmt und versucht, sich zu verteidigen, zeigt der Hauptmann sich sogleich verärgert: *„Was sagt er da? Was ist das für n'e kuriose Antwort?"* (S. 18, V. 8f) Weil Woyzeck den Argumenten des Hauptmanns inhaltlich möglicherweise sogar standhalten könnte, stellt dieser seine Überlegenheit stattdessen sprachlich zur Schau. Er spricht im Befehlston und redet Woyzeck in der dritten Person an: *„Was sagt er da? [...] Wenn ich sag: er, so mein ich ihn, ihn"* (S. 18, V. 8ff). Daraufhin erwähnt er erneut dessen fehlende Moral beziehungsweise Tugend. Auf Woyzecks Argumente geht er kaum ein und nimmt seine Worte nicht ernst, sie wirken sich absolut nicht auf sein Überlegenheitsgefühl aus. Bevor er überhaupt die Chance hat, die Diskussion für sich zu entscheiden, unterbricht der Hauptmann überheblich das Gespräch und schickt ihn fort: *„Geh' jetzt und renn nicht so"* (S. 19, V. 9f).

Auch in Szene 9 muss Woyzeck die Demütigungen des Hauptmanns ertragen. Dieser spricht ihn direkt auf Maries Untreue an, indem er ein sich küssendes Paar andeutet, dass er auf der Straße gesehen hat. Zusätzlich bekommt er dabei die Unterstützung des Doktors, der kaltblütig Woyzecks körperliche Schockreaktion kommentiert. Als Woyzeck versucht, sich und seine Familie zu verteidigen, behauptet der Hauptmann in falscher Sorge, er würde es nur *„gut mit ihm"* (S. 26, V. 3) meinen. Generell lässt er ihn kaum zu Wort kommen. Damit wird Woyzecks Demütigung bis zum Äußersten getrieben, weil er durch das geschlossen selbstsichere Auftreten von Hauptmann und Doktor vollständig machtlos ist und sich nicht gegen die beiden durchsetzen kann. Möglicherweise hat der Hauptmann Woyzecks Rechtfertigungsversuche in Szene 5 als anmaßend empfunden und will sich jetzt dafür rächen. Er verbirgt seine Gehässigkeit hinter einer vermeintlichen Fürsorge und erwähnt ironisch, dass er Maries Untreue für vollkommen unmöglich hält, da Woyzeck ja eine *„brave Frau"* (S. 25, V. 13) hat. Auch das kann als zusätzlicher Erniedrigungsversuch gesehen werden, da der Hauptmann wohl weiß, dass Marie nicht Woyzecks Frau ist, wie er in Szene 5 durch den Kommentar über sein uneheliches Kind deutlich gemacht hat. Insgesamt zeigt der Umgang mit Woyzeck den Hauptmann als selbstgefälligen und schadenfrohen Menschen, der seinen Status als Autoritätsperson gezielt dazu nutzt, um seine Überlegenheit zu demonstrieren. Dafür sucht er sich bewusst einen ihm nicht ebenbürtigen Gegner, um sein Selbstwertgefühl weiter aufzubauen.

> **Mögliche Prüfungsfrage**
> Erklären Sie, warum die Figur des Hauptmanns eine bestimmte Bevölkerungsschicht repräsentiert. Berücksichtigen Sie dabei auch die sprachliche Gestaltung der Figurenrede in den Szenen 5 und 9.

5.5 Der Doktor

Der kaltblütige Wissenschaftler

Der Doktor ist ein ehrgeiziger und gewissenloser Wissenschaftler. Das Drama gibt keinen Aufschluss über seine Lebensumstände oder familiäre Situation, außerdem hat er ebenso wie der Hauptmann keinen Namen und tritt nur in insgesamt zwei Szenen auf (Szenen 8 und 9). Dennoch trägt er maßgeblich zur Handlung bei, weil die Teilnahme an seinem Ernährungsexperiment sowohl Woyzecks körperliche Verfassung als auch seine psychische Krankheit verschlimmert. Damit liefert er einen entscheidenden Impuls für die Psychose, die zu Maries Ermordung führt. Als Mitglied der Oberschicht präsentiert der Doktor sich als klischeehafter Mediziner, der sich überwiegend in Wissenschaftssprache äußert und seine Forschung über alles andere stellt. In Szene 8 erzählt er Woyzeck von dem Plan, mit seiner Ernährungsstudie *„eine Revolution in der Wissenschaft"* (S. 21, V. 22f) herbeiführen zu wollen. Woyzeck ist für ihn dabei nichts anderes als ein menschliches Versuchsobjekt. Im Rahmen der Studie darf er sich für die dürftige Entlohnung von zwei Groschen am Tag nur von Erbsen ernähren und muss zu Untersuchungszwecken regelmäßig

Urin abgeben. Als Woyzeck entgegen der vertraglichen Vereinbarung „auf die Straß gepißt" (S. 21, V. 8f) hat, ärgert sich der Doktor sehr und bringt dabei seine Geringschätzung zum Ausdruck. Er nennt Woyzeck einen „Hund" (S. 21, V. 9) und „tritt auf ihn los" (S. 22, V. 5). Woyzeck versucht sich damit zu rechtfertigen, dass er seinen natürlichen Harndrang nicht kontrollieren kann, doch der Doktor lässt dieses Argument nicht gelten. Denn er hat bereits erforscht, dass der Blasenschließmuskel „dem Willen unterworfen ist" (S. 21, V. 16f). Das zeigt, dass er die Dinge aus einer rein wissenschaftlichen Perspektive betrachtet und sich weder persönlich für Woyzeck interessiert noch seine menschlichen Bedürfnisse gelten lässt. Auch als der Hauptmann Woyzeck in Szene 9 auf Maries Untreue anspricht, macht sich der Doktor beinahe einen Spaß daraus, Woyzecks körperliche Reaktion zu kommentieren: „Gesichtsmuskeln starr, gespannt, zuweilen hüpfend, Haltung aufgerichtet gespannt." (S. 26, V. 5f). Obwohl Woyzeck offensichtlich im Schockzustand ist, empfindet der Doktor kein Mitgefühl und setzt sich nicht für ihn ein.

Allerdings beschränkt sich diese gefühlskalte Grundhaltung nicht nur auf Woyzeck. In Szene 9 behandelt der Doktor auch den Hauptmann herablassend, obwohl beide zur selben Gesellschaftsschicht gehören. Als der Hauptmann ihm von seinem Weltschmerz erzählt, konzentriert der Doktor sich auf die Analyse seiner körperlichen Verfassung: „aufgedunsen, fett, dicker Hals, apoplectische Constitution" (S. 24, V. 1f). Ungefragt diagnostiziert er beim Hauptmann das Risiko auf einen Schlaganfall und jagt ihm damit Angst ein. Erneut ist sein Gesprächspartner nur aus einer rein wissenschaftlichen Perspektive für ihn interessant. Anstatt dem Hauptmann eine Behandlungsmöglichkeit zur Vorbeugung des Schlaganfalls zu nennen, äußert der skrupellose Doktor das Bedürfnis, „die unsterblichsten Experimente" (S. 24, V. 12f) mit ihm machen zu wollen, sobald es soweit ist. Er verhält sich genau genommen nicht wie ein Arzt, weil er zwar die Symptome erkennt, aber keine Hilfe anbietet.

Insbesondere für Woyzeck hat diese Skrupellosigkeit fatale Folgen. Im Gegensatz zu allen anderen Figuren im Drama kann der Doktor als einziger Woyzecks Symptome richtig einordnen und erkennt in Szene 8, dass dieser an einer psychischen Krankheit leidet: „Woyzeck er hat die schönste aberratio mentalis partialis, [. . .] sehr schön ausgeprägt" (S. 22, V. 31ff). Aberratio mentalis partialis bedeutet übersetzt eine teilweise geistige Verwirrung und diagnostiziert Woyzecks Zustand zu diesem Zeitpunkt wohl ziemlich genau. Allerdings will der Doktor die Krankheit nicht behandeln, sondern freut sich sogar darüber, Woyzeck dadurch umso besser für seine Forschungszwecke instrumentalisieren zu können. Äußerst gespannt beobachtet er, dass Woyzeck trotzdem seine Pflichten noch in einem „allgemein vernünftige[n] Zustand" (S. 23, V. 2f) erledigt, was ihn zum „interessante[n] casus" (S. 23, V. 11) macht. Auch in Szene 9 befeuert Woyzecks körperliche Schockreaktion auf die Worte des Hauptmanns noch einmal das wissenschaftliche Interesse des Doktors. Als Woyzeck das Gespräch eigentlich beenden will und weggeht, läuft der Doktor ihm nach und bietet eine „Zulage" (S. 26, V. 18f) für die Fortsetzung der Untersuchungen an. Erneut verhält der Doktor sich damit äußerst unsensibel und gefühlskalt. Aufgrund seiner medizinischen Ausbildung wäre er als einzige Person in Woyzecks Umfeld überhaupt in der Lage, ihm durch eine Behandlung zu helfen. Doch im Gegenteil trägt er noch maßgeblich zu der Verschlechterung von Woyzecks Zustand bei. Damit ist er zumindest indirekt mitverantwortlich für Woyzecks tragisches Schicksal.

Mögliche Prüfungsfrage
Charakterisieren Sie die Figur des Doktors.

Figurenvorbilder

Ebenso wie bei Woyzeck hat Büchner für die Figur des Doktors wahrscheinlich auf ein reales Vorbild zurückgegriffen. Dafür kommen zwei verschiedene Professoren aus Büchners Studienzeit in Gießen in Frage. Büchner besuchte damals ziemlich sicher im Rahmen seines Medizinstudiums die anatomischen Vorlesungen von Johann Bernhard Wilbrand, der unter den Studenten als verschrobener Kauz verspottet wurde. Vermutlich nahm Büchner auch an jener Vorlesung teil, in der Wilbrand *„den eigenen Sohn mit den Ohren wackeln ließ“*[1]. Anhand dessen wollte der Professor demonstrieren, dass Menschen im Gegensatz zu Affen ihre Ohrmuscheln nicht kontrolliert bewegen können. Für Büchner stellte dieses Experiment wohl eine Art entwürdigenden Menschenversuch dar, den er unter anderem auch im *Woyzeck* verarbeitet hat.

Wesentlich umstrittener ist, ob Büchner damals auch Vorlesungen des Chemikers Justus Liebig hörte. Liebig führte Ernährungsexperimente an Menschen durch, indem er den Harnstoff seiner Probanden in regelmäßigen Abständen untersuchte. Die Worte des Doktors *„Harnstoff, 0,10, salzsaures Ammonium, Hyperoxydul“* (S. 21, V. 24f) aus Szene 9 ähneln einer Veröffentlichung Liebigs zu diesem Thema. Allerdings ist sich die Büchner-Forschung über diese Theorie bis heute nicht einig, denn in der Gebührenabrechnungen von Liebigs Vorlesungen *„fehlt Büchners Name“*[2].

5.6 Der Tambourmajor

Schürzenjäger und Trunkenbold

Ebenso wie bei Hauptmann und Doktor wird der Name des Tambourmajors nicht genannt. Auch über sein Alter, seine Lebensumstände oder seine familiäre Situation erfahren wir nichts. Stattdessen wird im Drama vor allem geschildert, wie er sich nach außen hin präsentiert. Er ist ein großer, muskulöser und attraktiver Mann, was Margreth in Szene 2 schon aus der Ferne erkennen kann: *„Was ein Mann, wie ein Baum.“* (S. 10, V. 13) Auch Marie findet sofort Gefallen an ihm und beobachtet ihn mit glänzenden Augen. Als Anführer des Soldatenumzugs geht er ganz vorne und zieht damit alle Blicke auf sich.

Dabei spielt vor allem seine prächtige Uniform eine entscheidende Rolle. Wenn er sie trägt, wird er zu einem angesehenen Mitglied der Gesellschaft. Denn eigentlich unterscheidet sich der militärische Rang des Tambourmajors nicht zwangsläufig von Woyzecks. Zur damaligen Zeit beschränkte sich die Aufgabe eines Tambourmajors darauf, einen militärischen Musikzug zu dirigieren, was grundsätzlich auch von einfachen Soldaten ausgeführt werden konnte. Doch anders als der ärmliche, schmächtige Woyzeck macht der Tambourmajor mit seiner Uniform einen prachtvollen und wichtigen Eindruck. Sein Selbstbewusstsein schöpft er also nicht aus sich selbst, sondern aus der Anerkennung der Gesellschaft. Diese Form der Bestätigung lässt ihn zum überheblichen Blender werden. In Szene 6 prahlt er vor Marie mit seiner noch üppigeren Sonntags-Uniform, mit der er bei den Mitgliedern der sozialen Oberschicht und des Adels durchaus Eindruck schinden kann: *„der Prinz sagt immer: Mensch, er ist ein Kerl.“* (S. 19, V. 22f) Allerdings könnte dies auch nur eine überzogene Angeberei sein, denn der Wahrheitsgehalt dieser Aussage lässt sich nicht überprüfen.

Marie und möglicherweise auch anderen Frauen gegenüber gibt sich der Tambourmajor schmeichlerisch und verkauft sich als guter Liebhaber. Er umwirbt Marie mit einem teuren Geschenk und äußert ihr gegenüber schamlos das Bedürfnis nach Geschlechtsverkehr: *„wir wollen eine Zucht*

---

[1] A. Martin: *Georg Büchner*, Stuttgart 2007, S. 62
[2] ebd

von Tambour-Major's anlegen. He?" (S. 19, V. 27f) Das zeigt, dass er sich sowohl seiner Attraktivi-tät als auch seines gesellschaftlichen Status' bewusst ist und wohl weiß, dass Marie sich deswe-gen für ihn interessiert. Außerdem macht es ihm offensichtlich nichts aus, sich in der Öffentlichkeit mit seiner Bettgefährtin zu zeigen. Der Hauptmann beobachtet die beiden bei einem Kuss auf der Straße, wie er in Szene 9 gegenüber Woyzeck andeutet. Auch beim gemeinsamen Tanz in Szene 11 berührt der Tambourmajor Marie ohne Hemmungen, was Woyzeck von draußen beobachtet: *„Wie er an ihr herumtappt, an ihrem Leib"* (S. 29, V. 11).

Allerdings ist der Tambourmajor alles andere als ein charmanter Kavalier. Bei der Unterhaltung mit dem Unteroffizier in Szene 3 präsentiert er sich als Frauenheld, der Marie schon aus der Ferne beobachtet und dies zum Anlass nimmt, ihre Attraktivität auf äußerst anstößige Weise zu kommen-tieren. Seiner Aussage nach eignet sich Marie nämlich ganz besonders gut *„zum Fortpflanzen von Kürassierregimentern und zur Zucht von Tambourmajors"* (S. 13, V. 17f). Doch eigentlich ist sie zu diesem Zeitpunkt für ihn nur eine fremde junge Frau, denn die beiden haben sich noch gar nicht richtig kennengelernt. Weiterhin spielt es für ihn keine Rolle, dass Marie bereits in einer Beziehung ist. Er hat sie eindeutig gemeinsam mit Woyzeck und ihrem Sohn auf dem Jahrmarkt gesehen und dennoch umwirbt er sie. Auch in Szene 14 zeigt sich diese andere Seite des Tambourmajors. In einer Runde betrunkener Männer wird er abends zum überheblichen Schläger, der sich nicht zu schade ist, eine Prügelei zu provozieren: *„Ich will ihm die Nas ins Arschloch prügeln."* (S. 31, V. 7f) Die Trinkerei und Pöbelei sind weitere Indizien dafür, dass er seine gesellschaftliche Anerken-nung nur aus seiner repräsentativen Funktion ableitet, tatsächlich aber zu den einfachen Leuten gehört. Bezeichnend ist auch, dass er für die Schlägerei ausgerechnet Woyzeck auswählt, der ihm offensichtlich körperlich unterlegen ist. Für seine Suche nach Bestätigung will er sich zwar mit anderen messen, aber nur dann, wenn sein Sieg ohnehin garantiert ist. Zusätzlich baut er sein Selbstwertgefühl durch den Alkohol auf: *„Ha. [. . .] Brandewein giebt courage!"* (S. 31, V. 21f) Ein Mann von Ehre würde sich vermutlich nicht so verhalten.

Die Kontrastfigur

Auf den ersten Blick erscheint der Tambourmajor als Figur ohne psychologische Tiefe, da wir über seine Persönlichkeit nur wenig erfahren. Dennoch nimmt er im Drama eine zentrale Rolle ein. Zum einen spaltet er durch seine Affäre mit Marie die Beziehung zwischen ihr und Woyzeck. Zum anderen ist er mitverantwortlich für die Demütigung Woyzecks und somit auch ein Auslöser für die Psychose, die zuletzt Maries Ermordung zur Folge hat. Sein attraktives Erscheinungsbild, seine gesellschaftliche Anerkennung und sein selbstbewusstes und chauvinistisches Auftreten machen ihn zur Kontrastfigur Woyzecks. Genau aus diesem Grund weckt er Maries Interesse. Darüber hinaus schenkt er ihr zumindest oberflächlich Aufmerksamkeit und bringt in Szene 6 sein sexuelles Verlangen durch charmante Worte zum Ausdruck: *„Und du bist auch ein Weibsbild"* (S. 19, V. 26f). Woyzecks Defizite treten im Vergleich mit dem Tambourmajor umso deutlicher hervor. Er ist arm, schmächtig, chronisch überarbeitet und geistig nicht zurechnungsfähig, seine Kommunikation mit Marie geht meist ins Leere, weil er weitestgehend nur wirre Sätze hervorbringt und Marie ihn nicht versteht. Der Kontakt zum Tambourmajor führt bei Marie notgedrungen zu einem ständigen Vergleich mit Woyzeck und verstärkt ihre Unzufriedenheit mit ihrer Beziehung umso mehr.

6 Figurenkonstellation

6.1 Schaubild

Das Schaubild zeigt die Beziehung der handlungstragenden Figuren zueinander.

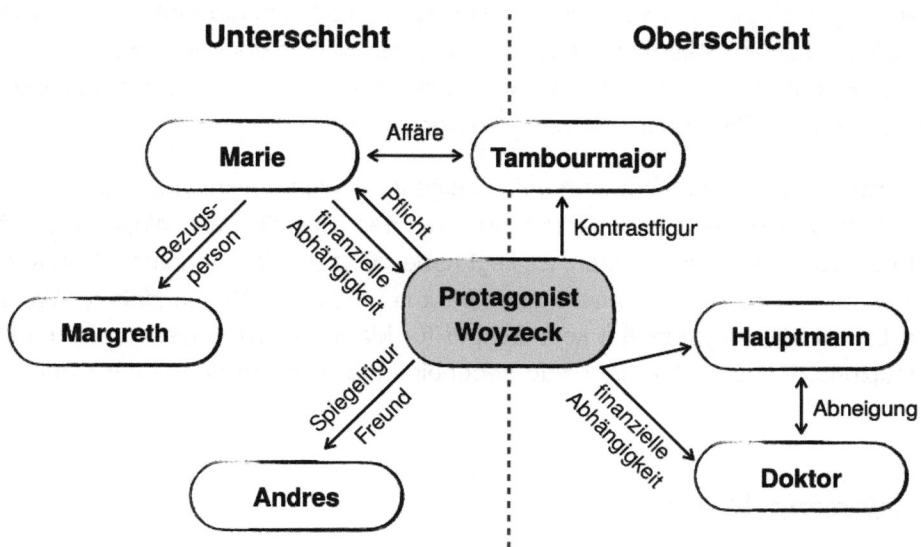

ABB. 6.1: FIGURENKONSTELLATION IN *Woyzeck*

6.2 Woyzeck und Marie

Eine distanzierte Beziehung

Woyzeck und Marie sind seit zwei Jahren ein Paar und haben seit etwa einem Jahr einen gemeinsamen Sohn. Obwohl Woyzeck neben seinem Dienst als Fußsoldat weitere Tätigkeiten übernimmt und seine ganze Energie in die finanzielle Versorgung seiner Familie steckt, verdient er insgesamt nur sehr wenig Geld. Daher gehören er und Marie zur armen Unterschicht und führen ein Leben am Existenzminimum. Darüber hinaus sind sie nicht verheiratet, denn für eine Heiratsgenehmigung musste ein Soldat damals ein bestimmtes Vermögen nachweisen können. Ihre prekäre Situation als Mutter eines unehelichen Kindes stimmt Marie äußerst unzufrieden, frustriert nennt sie ihren Sohn sogar selbst ein *„arm Hurenkind"* (S. 11, V. 3). Die Kombination aus Armut und fehlender sozialer Anerkennung verdammt sie zu einem einsamen Leben, meist sitzt sie zu Hause und kümmert sich um das Kind. Durch den damit einhergehenden Mangel an sozialen Kontakten fühlt sie sich isoliert und allein gelassen. Vor allem von Woyzeck wünscht sie sich daher Aufmerksamkeit und Zuneigung, der dieses Bedürfnis aufgrund seiner zeitintensiven Arbeit allerdings nicht erfüllen kann. Meist stattet er Marie nur kurze Besuche ab, um ihr Geld für den Unterhalt zu geben und sieht dabei *„immer so verhetzt aus"* (S. 17, V. 15f). Marie stellt enttäuscht fest, dass Woyzeck in seiner Eile nicht einmal *„sein Kind [...] angesehn"* (S. 11, V. 30f) hat. Weiterhin schläft er meist in der Kaserne und verbringt daher nicht einmal die Nächte zu Hause.

Insgesamt wirkt die Beziehung zwischen Woyzeck und Marie äußerst distanziert, genau genommen findet keine regelmäßige Kommunikation statt. Insbesondere die mit der Teilnahme an der Erbsendiät einhergehende Mangelernährung führt bei Woyzeck zu einer permanenten körperlichen sowie psychischen Abgeschlagenheit, die die Verständigung mit Marie zusätzlich erschwert. Als er ihr von seinen Wahnvorstellungen berichtet, weiß sie mit seinen alarmierenden Symptomen nichts anzufangen: *„Der Mann! So vergeistert. [...] Er schnappt noch über mit den Gedanken."* (S. 11, V. 30ff) Auf der anderen Seite hat Woyzeck keine Zeit, aufrichtiges Interesse an Marie zu bekunden. Möglicherweise ist er aufgrund seiner psychischen Krankheit nicht einmal dazu fähig, weil er zunehmend an Realitätsverlust leidet. Dennoch bildet die Beziehung mit Marie für ihn gleichermaßen Lebensgrundlage und Existenzberechtigung, weshalb ihm die Rolle des Familienversorgers den einzigen Halt gibt. Allerdings ist Marie scheinbar nicht in der Lage, dies zu erkennen, weil auch sie sich eigentlich nicht aufrichtig für Woyzeck interessiert und äußerst selbstbezogen ihre eigenen Wünsche und Bedürfnisse in den Vordergrund stellt.

Darüber hinaus wird im gesamten Drama nahezu keine körperliche Intimität zwischen dem jungen Paar geschildert. Allein das gemeinsame Kind liefert den Hinweis, dass Woyzeck und Marie eine sexuelle Beziehung zueinander hatten. Es liegt nahe, dass die Partnerschaft allein aufgrund des Kindes überhaupt zustande gekommen ist. Marie mangelt es an Verständnis für Woyzecks anstrengenden Lebensstil, Woyzeck hat kein Gespür für Maries Wunsch nach Liebe und emotionaler Unterstützung. Insgesamt leben beide nebeneinander her und haben nur wenig Bezug zueinander.

Zwei verschiedene Menschen

Woyzeck und Marie gehören beide der Unterschicht an und haben dadurch dieselben Lebensumstände. Allerdings könnten sie kaum unterschiedlicher sein, allein in Bezug auf ihr äußeres Erscheinungsbild geben die beiden ein sehr ungleiches Paar ab. Marie ist eine junge und schöne Frau, deren Attraktivität dem Tambourmajor sogar schon von Weitem auffällt: *„Was ein Weibsbild."* (S. 13, V. 15f) Woyzeck hingehen ist klein, schmächtig und durch die Erbsendiät sowohl körperlich als auch psychisch in sehr schlechter Verfassung. Doch auch hinsichtlich ihrer Persönlichkeit sind die beiden grundverschieden. Woyzeck macht sich wenig aus materiellen Gegenständen, sein gesamter Besitz beschränkt sich auf eine Jacke, ein Kreuz, einen Ring und ein goldenes Heiligenbild aus der Bibel seiner Mutter. Als er bereits Maries Ermordung plant und längst mit seinem eigenen Leben abgeschlossen hat, verschenkt er seine wenigen Habseligkeiten ungerührt an Andres: *„du kannst's brauchen Andres."* (S. 33, V. 21) Marie hingegen lässt sich schnell vom Schein blenden und ist mit materiellen Dingen leicht zu beeindrucken. Auf dem Jahrmarkt beispielsweise ist sie entzückt über das bunte Treiben und die glitzernden Lichter: *„Was Lichter"* (S. 13, V. 24).

Auch mit ihrem Leben am Rande der Gesellschaft gehen Woyzeck und Marie sehr unterschiedlich um. Woyzeck ist durch die chronische Überarbeitung und seine psychische Krankheit zwar in der Lage, seine Lebensumstände zu erkennen, doch fehlt es ihm an Zeit und geistiger Zurechnungsfähigkeit, um diese zu reflektieren. Marie hingegen ist äußerst unzufrieden mit ihrer Situation und

bemerkt missmutig: *„Unsereins hat nur ein Eckchen in der Welt"* (S. 15, V. 14f). Sie ist davon überzeugt, dass sie allein wegen ihrer Schönheit ein besseres Leben verdient hätte, weil sie einen
„so rothen Mund als die großen Madamen" (S. 15, V. 16f) hat. Doch andererseits weiß sie auch,
dass weder sie selbst noch Woyzeck ihr einen Ausweg aus der Situation bieten können. Dennoch
strebt sie nach sozialem Aufstieg und wünscht sich Anerkennung und Reichtum. Im Gegensatz
zu Woyzeck bildet die Elternrolle für sie daher keine befriedigende Lebensgrundlage. Dieser hingegen scheint mit der Aufgabe als Familienversorger auf den ersten Blick einigermaßen zufrieden
zu sein, da er seiner Pflicht aufopferungsvoll nachkommt. Nicht ohne Grund sagt er selbst, dass
er außer Marie und seinem Sohn *„sonst nichts auf der Welt"* (S. 25, V. 25) hat. Beide erkennen
also, dass sie in einer aussichtslosen Situation feststecken. Woyzeck nimmt diese Tatsache eher
resigniert zur Kenntnis, während Marie in ihrer Enttäuschung nach einem vermeintlichen Ausweg
sucht.

Die Affäre

Es ist wohl genau die Kombination aus Distanz und Verschiedenheit, die Marie zu ihrer Affäre mit
dem Tambourmajor bewegt und damit letztendlich ihr eigenes tragisches Schicksal besiegelt. Weil
Woyzeck kaum Zeit für sie hat und sich augenscheinlich wenig für die Beziehung interessiert, werden Marie ihre soziale Isolation und Situation als Mutter eines unehelichen Kindes noch deutlicher
bewusst: *„Mädel, was fangst du jetzt an / Hast ein klein Kind und kein Mann"* (S. 11, V. 5f). Daraus
erwächst umso mehr der Wunsch nach emotionaler Zuneigung und einem besseren Lebensstandard. Kein Wunder also, dass die ohnehin nur auf sich selbst fokussierte Marie sofort Gefallen am
Tambourmajor findet. Zunächst erfüllt er ihr Bedürfnis nach erotischer Anziehung und äußert ihr
gegenüber geradeheraus das Bedürfnis nach Sex: *„wir wollen eine Zucht von Tambour-Major's
anlegen. He?"* (S. 19, V. 27f) Darüber hinaus umwirbt er sie schmeichlerisch mit goldenen Ohrringen, während Woyzeck sich ein so teures Geschenk niemals leisten könnte. Die materialistische
Marie ist darüber mehr als begeistert und schwärmt hingerissen: *„Was die Steine glänzen!"* (S. 15,
V. 5)

Bereits zu diesem Zeitpunkt lügt sie Woyzeck an und vergrößert dadurch die Distanz zu ihm. Auch
im weiteren Verlauf weicht sie seinem Verdacht auf die Affäre geschickt aus: *„Man kann viel sehn,
wenn man 2 Augen hat und man nicht blind ist"* (S. 20, V. 28f). Dennoch nimmt Marie weiter Geld
von Woyzeck für den Unterhalt, weil sie in erster Linie nur an sich selbst denkt. Welche Auswirkungen ihre öffentlich zur Schau gestellte Untreue auf Woyzeck haben könnte, ist ihr entweder
egal oder sie denkt nicht einmal darüber nach. Dieser muss deswegen unter anderem von seinem
Vorgesetzten gehässige Demütigungen ertragen. So spricht der Hauptmann ihm gegenüber un-
verblümt an, dass er um die Ecke ein sich küssendes Paar gesehen hätte und jagt Woyzeck damit
einen gewaltigen Schrecken ein.

Auch Woyzecks psychische Krankheit verstärkt die Distanz zu Marie. Aufgrund der zeitintensiven
Arbeit und seiner schwindenden Zurechnungsfähigkeit kann er die Anzeichen für Maries Untreue
anfangs nicht erkennen. Als er sie mit dem Tambourmajor im Wirtshaus beobachtet und sich das
Offensichtliche nicht mehr abstreiten lässt, ist es bereits zu spät. Plötzlich wird ihm bewusst, dass
er seine Existenzgrundlage längst verloren hat, was den entscheidenden Auslöser für seine Psychose darstellt. Maries Umgang mit der Situation zeigt erneut, dass sie Woyzecks Symptome von
Beginn an nicht richtig eingeschätzt hat. Sie erkennt zwar, dass er seit Tagen nicht mehr zu ihr
gekommen ist, denkt aber über seine Beweggründe erst gar nicht weiter nach. Stattdessen geht
sie mit ihm in den Wald, obwohl sie sich dabei unwohl fühlt. Erst kurz vor ihrem eigenen Tod erkennt sie, zu welchem Zweck er sie dorthin gebracht hat: *„Was hast du vor? [...] Franz halt. Um*

des Himmels willen, He Hülfe" (S. 36, V. 25f).

Auf der einen Seite wird Woyzeck also die Distanz zu Marie zum Verhängnis, weil sie aufgrund seiner Vernachlässigung eine Affäre beginnt. Der Verlust seiner intakten Familie stellt den Auslöser für seinen Kontrollverlust dar und lässt ihn zuletzt zum psychotischen Mörder werden. Durch sein Verbrechen unterschreibt er sehr wahrscheinlich auch sein eigenes Todesurteil. Auf der anderen Seite wird Marie die Distanz zu Woyzeck zum Verhängnis, weil sie durch ihre Unzufriedenheit und Selbstbezogenheit am Ende ihre Urteilskraft in Bezug auf Woyzeck einbüßt. Die Affäre mit dem Tambourmajor hat sie der Erfüllung ihrer Bedürfnisse kein Stück näher gebracht und dennoch ihr Schicksal besiegelt. Woyzeck und Maries dysfunktionale Beziehung hat gewissermaßen schon von Beginn an das tragische Ende des Dramas vorherbestimmt.

6.3   Marie und der Tambourmajor

Eine oberflächliche Liebelei

Schon vor ihrer ersten richtigen Begegnung spielen zwischen Marie und dem Tambourmajor vor allem Äußerlichkeiten die entscheidende Rolle. Aus diesem Grund ist auch nicht viel mehr über ein persönliches Verhältnis zwischen den beiden zu sagen. Als Marie den Tambourmajor zu Beginn des Dramas vom Fenster aus beobachtet, wie er den Soldatenumzug anführt, imponiert er ihr direkt durch seine Attraktivität: *„Er steht auf seinen Füßen wie ein Löw."* (S. 10, V. 14) Auch der Tambourmajor hat sie bereits gesehen und grüßt sie im Vorbeigehen. Auf dem Jahrmarkt mustert er sie aus der Ferne etwas genauer und ist ebenfalls von ihrer Schönheit fasziniert: *„Was ein Weibsbild."* (S. 13, V. 15f) Im Inneren der Bude kann er durch seine Taschenuhr sofort ihre Aufmerksamkeit auf sich lenken, woraufhin Marie zu ihm nach vorne klettert. Bloß aufgrund dieser Äußerlichkeiten kommt es überhaupt zur ersten Begegnung der beiden. Auch im weiteren Verlauf ihrer Beziehung verbleibt das Interesse insbesondere auch seitens des Tambourmajors auf einem zutiefst oberflächlichen Niveau. Als sich die beiden auf der Straße treffen, vergleicht Marie ihn mit einem Stier und einem Löwen und bringt damit ihr Begehren zum Ausdruck. Auch der Tambourmajor äußert ihr gegenüber direkt den Wunsch nach Geschlechtsverkehr: *„wir wollen eine Zucht von Tambour-Major's anlegen. He?"* (S. 19, V. 27f) Dieses Gespräch veranschaulicht, dass es sich auch im weiteren Verlauf der Affäre lediglich um eine sexuelle Anziehung und nicht um eine Liebesbeziehung handelt.

Für Marie verkörpert der Tambourmajor die Sehnsucht nach einem besseren Leben. Sie ist *„stolz"* (S. 19, V. 19), einen so ansehnlichen Mann ihren Liebhaber nennen zu dürfen und erfreut sich an seinem Auftreten: *„Geh' einmal vor dich hin. - Ueber die Brust wie ein Stier und ein Bart wie ein Löw"* (S. 19, V. 16ff). Insbesondere durch seine prächtige Uniform wird er als angesehenes Mitglied der Gesellschaft wahrgenommen. Daraus schöpft er sein Selbstbewusstsein: *„Ich bin ein Mann!"* (S. 31, V. 4) Gegenüber Marie präsentiert er sich charmant und selbstsicher, schenkt ihr Aufmerksamkeit, macht ihr Avancen und umwirbt sie mit einem schönen Geschenk. Wenn sie Zeit mit ihm verbringt, kann sie die trostlose Realität ihrer eigenen Lebensumstände vergessen und sich in eine schöne Scheinwelt träumen. In ihrer Partnerschaft mit Woyzeck ist sie dagegen stark unzufrieden, denn er hat nur sehr wenig Zeit für sie und kann ihr daher nicht die Aufmerksamkeit schenken, die sie zu verdienen glaubt. Weiterhin ist ihr Verhältnis mit dem Tambourmajor von einer fatalistischen Grundeinstellung geprägt, die sie speziell auch in Bezug auf ihre sexuelle Freizügigkeit einnimmt. Obwohl sie sich ihrer prekären Situation deutlich bewusst ist, lässt sie sich auf die Affäre mit dem Tambourmajor ein. Vielleicht hofft sie zu Beginn noch auf eine ernsthafte Beziehung, doch spätestens seit der Unterhaltung auf der Straße dürfte auch ihr klar geworden sein, dass er sich allein wegen ihrer Attraktivität für sie interessiert. Dennoch hält sie die Affäre weiter aufrecht, obwohl sie durch dieses Verhalten ihren Ruf als sprunghafte Bettgenossin festigt.

Warum der Tambourmajor die Beziehung mit Marie eingeht, ist nur schwer einzuschätzen, denn er ist als Figur ohne psychologische Tiefe konzipiert. Seine Gedanken, Gefühle und Beweggründe werden abgesehen von dem körperlichen Interesse an Marie nicht näher beschrieben. Die Vermutung liegt nahe, dass er sich ihr gegenüber als charmanter Kavalier inszeniert, weil ihn die Herausforderung reizt, Marie zu erobern. Jedenfalls weiß er durchaus, dass Marie bereits in einer Beziehung ist, seitdem er sie zusammen mit Woyzeck auf dem Jahrmarkt gesehen hat. Das hält ihn allerdings nicht davon ab, ihr nachzustellen. Möglicherweise beschränken sich seine Eroberungsversuche nicht nur auf Marie, der Tambourmajor ist scheinbar ein schmieriger Schürzenjäger. Insbesondere auch die Situation im Wirtshaus, die ihn als großspurigen Trunkenbold zeigt, bestätigt diese Annahme. Denn der Tambourmajor ist alles andere als ein ehrenhafter Mann. So ist es ihm auch egal, welche Folgen sein Verhältnis mit Marie hat und ob dadurch vielleicht deren Beziehung zu Woyzeck zerbrechen könnte.

> **Mögliche Prüfungsfrage**
> Vergleichen Sie Maries Beziehung zu Woyzeck mit ihrem Verhältnis zum Tambourmajor und verwenden Sie dazu auch die Informationen zur Figurenkonstellation zwischen Marie und Woyzeck aus Kapitel 6.2. Arbeiten Sie auf dieser Grundlage die Unterschiede zwischen Woyzeck und dem Tambourmajor heraus.

6.4 Woyzeck und der Hauptmann

Kollision zweier Gesellschaftsschichten

Mit Woyzeck und dem Hauptmann treffen zwei Menschen aus verschiedenen Gesellschaftsschichten aufeinander. Der Hauptmann gehört zur sozialen Oberschicht und verkörpert alle Privilegien, an denen es Woyzeck fehlt. Er hat einen hohen militärischen Rang und damit eine angesehene gesellschaftliche Stellung sowie genug Geld, um selbst keiner körperlich anstrengenden Arbeit nachgehen zu müssen. Sogar äußerlich steht sein Übergewicht in starkem Kontrast zu Woyzecks Mangelernährung. Generell lässt der Vergleich mit dem gut situierten Hauptmann Woyzecks elende Lebensumstände umso deutlicher hervortreten. Darüber hinaus ist er von seinem Vorgesetzten finanziell abhängig, da seine Tätigkeit als Laufbursche für ihn eine zusätzliche Verdienstmöglichkeit darstellt. Obwohl der Hauptmann sich nicht zu schade ist, Woyzeck seine Inferiorität bei jeder Gelegenheit spüren zu lassen, ist dieser ihm sowohl militärisch als auch aufgrund dieses Abhängigkeitsverhältnisses zum Gehorsam verpflichtet.

Verständnislosigkeit und Demütigung

Die regelrechte Machtlosigkeit Woyzecks nutzt der Hauptmann schamlos aus, um ihn persönlich anzugreifen und zu demütigen. In der Rasierszene weist er ihn auf äußerst unsensible Art und Weise auf seine Überarbeitung hin, indem er sich über seine eigene Langeweile beklagt: *„ich kann kein Mühlrad mehr sehn, oder ich werd' melancholisch."* (S. 17, V. 12f) Weil Woyzeck sich davon nicht aus der Ruhe bringen lässt und weiter resigniert mit der Rasur fortfährt, spricht der Hauptmann als nächstes seine fehlende Bildung an: *„O er ist dumm, ganz abscheulich dumm."* (S. 17, V. 27) Als Woyzeck auch darauf kaum reagiert, wird der Hauptmann persönlich und verweist gehässig auf seinen Sohn, der *„ohne den Segen der Kirche"* (S. 17, V. 32) aufwächst. Schließlich gipfelt seine gezielte Demütigung in der Behauptung, Woyzeck würde es aufgrund seiner gesellschaftlichen Stellung an Moral und Tugend fehlen: *„Woyzeck, er hat keine Moral!"* (S. 17, V. 29f)

Auch bei ihrer kurzen Begegnung auf der Straße nutzt der Hauptmann sofort die Gelegenheit, seine Überlegenheit zu demonstrieren. Als Woyzeck vorbeieilt, verwickelt er ihn ins Gespräch, um zu bemängeln, dass er in seiner Hast *„wie ein offnes Rasirmesser durch die Welt"* (S. 24, V. 29f) rennt. Gleich im Anschluss spricht er ihn geradeheraus auf Maries Untreue an, indem er andeutet, er hätte ein sich küssendes Paar beobachtet. Als Woyzeck ihm nicht recht glauben will und völlig fassungslos auf diese Behauptung reagiert, rechtfertigt der Hauptmann seine Worte mit falscher Fürsorge: *„ich mein es gut mit ihm, weil er ein guter Mensch ist Woyzeck, ein guter Mensch."* (S. 26, V. 3f) Damit verhält er sich in zweifacher Hinsicht extrem niederträchtig. Einerseits mischt er sich absichtlich und ungefragt in Woyzecks Beziehung ein, um diesen zu demütigen, andererseits stellt er sich als gutmeinend und fürsorglich dar, obwohl ihm offenkundig überhaupt nichts an Woyzecks Wohlbefinden liegt.

Woyzeck kann der systematischen Erniedrigung durch den Hauptmann aus verschiedenen Gründen nicht standhalten. Er darf seine Arbeit als Laufbursche nicht verlieren, weil er das zusätzliche Geld braucht. Deshalb hat er vor allem zu Beginn nicht den Mut, dem Hauptmann zu widersprechen. Erst als dieser sein uneheliches Kind und seine fehlende Moral und Tugendhaftigkeit erwähnt, wagt Woyzeck, sich gegenüber seinem Vorgesetzten zu rechtfertigen: *„der liebe Gott wird den armen Wurm nicht drum ansehn, ob das Amen drüber gesagt ist"* (S. 18, V. 3ff). Er erklärt, dass er sich als armer Mann der Unterschicht die Frage nach Moral und Tugend gar nicht leisten könne: *„wenn ich ein Herr wär [...] und könnt vornehm reden, ich wollt schon tugendhaft seyn."* (S. 18, V. 32ff) Der Hauptmann ist von Woyzecks Schlagfertigkeit zunächst überrascht, insbesondere weil dieses Argument bei genauer Betrachtung durchaus Sinn ergibt: *„Er macht mich ganz confus mit seiner Antwort."* (S. 18, V. 9f)

Doch anstatt inhaltlich auf Woyzeck einzugehen, verlagert der Hauptmann die Demonstration seiner Geringschätzung auf die sprachliche Ebene und veranschaulicht damit ganz bewusst, dass Woyzeck ihm hinsichtlich seines Bildungsniveaus hoffnungslos unterlegen ist. Wenn er mit Woyzeck spricht, verwendet er den Befehlston, womit er unter anderem auch auf seinen höheren militärischen Rang verweist: *„Red' er doch was Woyzeck."* (S. 17, V. 17f) Darüber hinaus spricht er ihn häufig in der dritten Person an, wie als wäre Woyzeck gar nicht da: *„Was sagt er da? [...] Wenn ich sag: er, so mein ich ihn, ihn"* (S. 18, V. 8ff). Umgekehrt symbolisiert Woyzecks Sprache Unterwürfigkeit und Gehorsam, weil er den Hauptmann immer mit *„Sie"* und *„Herr Hauptmann"* anspricht und sich vor allem zu Beginn der Unterhaltung darauf konzentriert, dessen Äußerungen zu bestätigen: *„Ja wohl, Herr Hauptmann."* (S. 17, V. 3) Auch später auf der Straße behalten beide dieses Kommunikationsmuster bei. Der Hauptmann spricht Woyzeck auf den Tambourmajor an: *„Wie is Woyzeck hat er noch nicht ein Haar aus einem Bart in seiner Schüssel gefunden? He er versteht mich doch, ein Haar [...] eines Tambourmajors?"* (S. 25, V. 9ff) Woyzeck traut sich nicht recht, auf diese Provokation einzugehen: *„Ja wohl! Was wollen Sie sagen Herr Hauptmann?"* (S. 25, V. 15f)

Woyzeck hat keine Chance, sich gegen seinen Vorgesetzten auch nur annähernd zu behaupten. Selbst wenn er versucht, sich zu erklären und zu rechtfertigen, lässt der Hauptmann seine Argumente nicht gelten und versteht ihn absichtlich nicht. Denn Woyzeck fehlt es an der nötigen

Bildung, um sich präzise auszudrücken. Er spricht hessischen Dialekt, äußert sich meist in kurzen und grammatikalisch falschen Sätzen und liefert dem Hauptmann damit die perfekte Vorlage, seine Aussagen als zusammenhangslos und dumm zu entwerten. Hinzu kommen körperliche Erschöpfung sowie die psychische Erkrankung, die sowohl seine Zurechnungsfähigkeit beeinflussen als auch seine Fähigkeit, sich zu artikulieren.

6.5 Woyzeck und der Doktor

Das Ernährungsexperiment

Genauso wie beim Hauptmann besteht zwischen Woyzeck und dem Doktor ein Abhängigkeitsverhältnis. Denn zusätzlich zu seinem Dienst als Soldat und seiner Arbeit für seinen Vorgesetzten nimmt Woyzeck an einer Ernährungsstudie des Doktors teil, um zusätzlich etwas Geld für seine Familie zu verdienen. Im Rahmen dieses Experiments darf Woyzeck sich über einen längeren Zeitraum nur von Erbsen ernähren und muss zu Untersuchungszwecken regelmäßig Urin beim Doktor abgeben. Dafür erhält er nur die dürftige Entlohnung von *„2 Groschen täglich"* (S. 21, V. 10). Der Doktor präsentiert sich dabei als ehrgeiziger und skrupelloser Wissenschaftler, der sich nicht für Woyzecks Gesundheitszustand und Gefühle interessiert. Einzig die Ergebnisse seiner Forschung sind für ihn relevant, weshalb er ihn wie ein menschliches Versuchsobjekt behandelt. Als der Doktor vom Fenster aus beobachtet, wie Woyzeck entgegen der vertraglichen Vereinbarung auf die Straße uriniert, schimpft er verärgert mit seinem Probanden: *„Woyzeck, das ist schlecht, [. . .] sehr schlecht."* (S. 21, V. 10f) Woyzeck versucht, seine Vertragsverletzung mit dem natürlichen Harndrang zu rechtfertigen, doch der Doktor lässt diese Ausrede nicht gelten. Er erklärt Woyzeck, er habe längst bewiesen, dass sich der Blasenschließmuskel durch den menschlichen Willen kontrollieren lasse. Dadurch zeigt sich erneut, dass er die Dinge allein aus wissenschaftlicher Perspektive betrachtet.

Weil der Doktor ebenfalls zur Oberschicht gehört, ist Woyzeck ihm unterlegen. Aufgrund der finanziellen Abhängigkeit von der Teilnahme an der Ernährungsstudie hat er nicht den Mut, dem Doktor zu widersprechen. Mit seinen schwachen Rechtfertigungsversuchen bewirkt er nichts, weil er auf einer anderen Ebene kommuniziert als der Doktor. Er argumentiert mit dem menschlichen Trieb, während für den Doktor nur rationale Fakten zählen. Denn Woyzeck fehlt es an der nötigen Bildung für eine wissenschaftliche Diskussion: *„Aber mit der Natur ist's was andres, sehn sie mit der Natur [. . .] das ist so was, wie soll ich doch sagen"* (S. 22, V. 15ff). Diese Unzulänglichkeit verunsichert ihn sehr, was er durch seine Körpersprache zum Ausdruck bringt: *„er kracht mit den Fingern"* (S. 22, V. 17). Er spürt, dass er sich nicht gegen den Doktor behaupten kann und fühlt sich hilflos und unverstanden. Aus diesem Grund verfliegt seine anfangs so mühevoll aufrecht erhaltene Konzentration und er spricht plötzlich zusammenhangslos im Wahn: *„Die Schwämme Herr Doctor. Da, da steckt's. Haben Sie schon gesehn in was für Figuren die Schwämme auf dem Boden wachsen?"* (S. 22, V. 26ff)

Der Verlauf dieser Unterhaltung ist bezeichnend für das Verhältnis zwischen Woyzeck und dem Doktor. Denn der Doktor kann als einzige Figur im Drama seine Symptome richtig deuten und erkennt, dass er an einer psychischen Krankheit leidet. Dabei erfüllt er aber nicht seine Pflicht als Arzt, da er ihm keine Behandlungsmöglichkeit anbietet. Stattdessen freut er sich über Woyzecks *„sehr schön ausgeprägt[e]"* (S. 22, V. 32f) geistige Verwirrung und will ihn als Versuchsobjekt dahingehend näher untersuchen. Interessant ist auch, dass der Doktor durch die Erbsendiät maßgeblich zur Verschlechterung von Woyzecks körperlichem Zustand beiträgt, was wiederum die Psychose fördert. Denn der Doktor müsste aufgrund seiner medizinischen Ausbildung eigentlich wissen, dass sich Woyzecks psychische Erkrankung durch das Ernährungsexperiment verschlimmern wird. Damit ist die Beziehung zum Doktor für Woyzeck zwar Auslöser der psychischen Krankheit, wäre aber auch die Lösung für die notwendige Behandlung. Doch aufgrund der Skrupellosigkeit des Doktors unterbleibt jede Hilfe.

Demütigung und Geringschätzung

Weil Woyzeck dem Doktor hinsichtlich gesellschaftlicher Stellung und Bildungsniveau unterlegen ist, muss er auch von ihm Demütigung und Geringschätzung ertragen. Hinzu kommt, dass der Doktor sich ohnehin nicht für die Persönlichkeit anderer Menschen interessiert, sondern sich nur aus wissenschaftlicher Perspektive mit medizinischen Fakten und Symptomen befasst. Ebenso wie der Hauptmann genießt er alle Privilegien, die Woyzeck nicht hat. Durch seinen Umgang mit Woyzeck wird deutlich, dass er auf ihn herabsieht. Als dieser den Vertrag nicht einhält und auf die Straße uriniert, nennt der Doktor ihn einen *„Hund"* (S. 21, V. 9) und veranschaulicht damit, dass Woyzeck für ihn kein menschliches Wesen ist. Als sich der Doktor wegen Woyzecks Rechtfertigungsversuchen immer mehr ärgert, beschimpft er ihn und *„tritt auf ihn los"* (S. 22, V. 5). Im Anschluss vergleicht er ihn noch mit einem *„proteus"* (S. 22, V. 11), also einem einfachen Bakterium.

Auch später auf der Straße bringt der Doktor erneut seine Geringschätzung für Woyzeck zum Ausdruck. Während der Hauptmann ihn auf Maries Untreue anspricht, macht der Doktor sich einen Spaß daraus, Woyzecks Schockreaktion gefühlskalt zu analysieren. Er kommentiert seine blasse Gesichtsfarbe und seinen rasenden Puls: *„Den Puls Woyzeck, den Puls, klein, hart, hüpfend, ungleich."* (S. 25, V. 28f) Woyzecks Entsetzen löst bei ihm keinerlei Mitgefühl oder Verständnis aus. Als dieser das Gespräch in einer Art Vermeidungsreaktion plötzlich beenden will, wegläuft und Selbstmordgedanken äußert, folgt der Doktor ihm sogar noch und bietet ihm *„Zulage"* (S. 26, V. 18f) an, wenn er sich weiter von ihm erforschen lässt. Durch sein Verhalten unterstützt der Doktor den Hauptmann bei den systematischen Demütigungen und ist damit indirekt an der Verschlechterung von Woyzecks Zustand beteiligt. Das ist deswegen besonders perfide, weil Woyzeck wegen der durch das Ernährungsexperiment verursachten Psychose erst recht ein interessantes Forschungsobjekt abgibt.

7 Interpretationsansätze

Das folgende Kapitel enthält verschiedene Interpretationsansätze zu Woyzeck, die in Bezug auf das literarische Textverständnis als Anhaltspunkt dienen können. Zuerst wird auf die Bedeutung der Leitmotive eingegangen, die sich wie ein roter Faden durch die Handlung ziehen und deren Berücksichtigung für die Werkanalyse daher unerlässlich scheint. Im Anschluss wird die sogenannte Schuldfrage untersucht, die in der Werkrezeption allgegenwärtig und bis heute der wohl wichtigste Ausdeutungsaspekt geblieben ist. Drei mögliche Mordmotive geben Einblick in den Entwicklungsprozess, der Woyzeck schließlich zum Täter werden lässt und damit das tragische Schicksal des Dramas besiegelt.

Dabei soll hier unbedingt betont werden, dass die folgende Textinterpretation keineswegs einen Anspruch auf Vollständigkeit erheben will. Es wurden lediglich einige Schwerpunkte gesetzt, um in Bezug auf das Textverständnis eine sinnvolle Hilfestellung anzubieten.

7.1 Die schicksalhafte Gewalttat: das Blut-Tod-Motiv

Blut und Tod verweisen auf Woyzecks determiniertes Schicksal und ziehen sich leitmotivisch durch den gesamten Dramentext. Bereits in Szene 1 erkennt Woyzeck im Freien Feld ein blutiges Terrain. Im Gras sieht er einen Totenschädel liegen und erzeugt dadurch eine Assoziation mit den an der Guillotine durchgeführten Enthauptungen zur Zeit der Französischen Revolution: *„da rollt Abends der Kopf"* (S. 9, V. 6). Woyzeck halluziniert, er sieht ein flammendes Inferno am Himmelszelt und erlebt unvermittelt eine Apokalypse, die das Ende der Welt bringt: *„Alles still, als wär die Welt todt."* (S. 10, V. 3) Gleich zu Beginn des Dramas wird das tragische Ende also in zweifacher Hinsicht angedeutet. Zum einen spielt der Verweis auf die Enthauptungen auf Woyzecks Todesstrafe an, die er vermutlich für den Mord an Marie erhalten wird. Zum anderen antizipiert Woyzecks Vision eines Weltuntergangs den Zerfall seiner eigenen Existenz.

Interessant ist auch, dass sich das Blut-Tod-Motiv - abgesehen von Szene 1 - eigentlich erst ab Szene 12 regelmäßig wiederholt. Weil es in direktem Zusammenhang mit Woyzecks Schicksal steht, illustriert es insbesondere auch seine fortschreitende psychische Krankheit. Bis er Marie und den Tambourmajor im Wirtshaus beim Tanz sieht und damit einen handfesten Beweis für die Affäre hat, zeigt er sich trotz chronischer Überarbeitung und systematischer Erniedrigung noch relativ stabil, was auch der Doktor in Szene 8 anmerkt: *„mit allgemein vernünftigem Zustand [. . .] thut [er] noch Alles wie sonst"* (S. 23, V. 2f). Denn die Rolle als Familienversorger gibt seinem Leben Ordnung und appelliert an sein Pflichtbewusstsein. Sobald er allerdings mit eigenen Augen sieht, dass Marie soeben dabei ist, ihm diese Lebensgrundlage zu entziehen, verliert er den letzten

Rest des so mühevoll aufrechterhaltenen Wirklichkeitsbezugs. Die Wahrnehmungsstörung wird zur ausgereiften Psychose. Von diesem Moment an steuert die Krankheit sein Handeln und bewirkt den vollständigen Verlust seines Urteilsvermögens.

Unmittelbar nach der Wirtshausszene leidet Woyzeck an einem heftigen Wahnsinnsanfall. Imaginäre Stimmen befehlen ihm, Marie zu ermorden: *„stich, stich die Zickwolfin todt."* (S. 30, V. 6f) Insbesondere das Wort *„todt"* hört er dabei immer wieder. Auch im weiteren Handlungsverlauf taucht dieses Adverb wiederholt in Verbindung mit Maries bevorstehendem Tod auf. Sogar Marie selbst deutet - freilich unwissentlich - die fatalen Konsequenzen ihrer Affäre an, als sie in Szene 16 ihre Verzweiflung zum Ausdruck bringt: *„Alles todt!"* (S. 33, V. 14) Auch im Märchen der Großmutter zeigt sich diese Aussicht auf das schreckliche Ende, das Woyzecks und Maries Sohn schließlich als Waisenkind zurücklässt: *„ein arm Kind [...] hat keinen Vater und keine Mutter, war Alles todt und war Niemand mehr auf der Welt. Alles todt"* (S. 35, V. 8ff). In Szene 19 hat Woyzeck die Bluttat schließlich vollbracht: *„Todt! Todt!"* (S. 36, V. 30)

Darüber hinaus verdeutlicht das Blut speziell auch die äußeren Faktoren, die auf Woyzeck einwirken und symbolisiert den Austausch zwischen Woyzeck und der Außenwelt. Dadurch wird einerseits seine Unzulänglichkeit und andererseits seine fehlende Zurechnungsfähigkeit betont, was seinen Wahnsinn noch stärker in Kontrast zur Wirklichkeit setzt. Aus diesem Grund steht das Blut vermehrt in Verbindung mit dem Wirtshaus, das den öffentlichen Raum repräsentiert. In Szene 14 verliert Woyzeck dort den Zweikampf mit dem Tambourmajor und sitzt danach blutend auf der Bank, wie einer der Anwesenden bemerkt: *„Er blut."* (S. 31, V. 24) Im Anschluss an diese Niederlage setzt er seine Mordpläne in die Tat um und kauft die Mordwaffe. Aber auch nach der Tat kehrt er in Szene 21 instinktiv zum Wirtshaus zurück und liefert durch seine blutige Kleidung selbst den entscheidenden Hinweis, der ihn als Maries Mörder identifiziert. Mitten auf der Tanzfläche entdeckt Käthe plötzlich den blutverschmierten Ärmel und lenkt damit sofort auch die Aufmerksamkeit der anderen Leute auf Woyzeck: *„Roth, Blut"* (S. 38, V. 15).

Auch die Farbe Rot spielt in Bezug auf das Blut-Tod-Motiv eine Rolle und steht speziell in Verbindung mit dem Tatort im Wald. In Szene 19 bemerkt Marie den *„roth"* (S. 36, V. 23) aufgehenden Mond, der laut Woyzeck wie ein *„blutig Eisen"* (S. 36, V. 24) aussieht. Damit spielt er auf das Messer an, das sich durch Maries Blut sogleich rot färben wird. Als Woyzeck in Szene 23 zum Ort des Geschehens zurückkehrt und Maries Leiche am Boden sieht, bezeichnet er die Einstiche an ihrem Hals als *„rothe Schnur"* (S. 39, V. 19). In Szene 24 entsorgt Woyzeck das Messer in einem Teich in der Nähe des Tatorts, wobei er den Mond erneut ein *„blutig Eisen"* (S. 40, V. 5) nennt. Diese Wiederholung akzentuiert die Entsorgung der Mordwaffe als unmittelbare Konsequenz des Mordes.

Symbolik

In der Literatur ist Blut ein gängiges Symbol für das Leben. Im *Woyzeck* wird dies durch die motivische Kombination mit dem Tod ins Negative verkehrt. Denn die Wiederholung des Blut-Tod-Motivs weist auf die determinierte Verstrickung der Ereignisse hin, die zuletzt das Ende von Maries und wohl auch Woyzecks Leben bedeuten. Diesbezüglich muss auch die Farbmetaphorik berücksichtigt werden. Die Farbe Rot steht in der Literatur meist für Liebe und Leidenschaft, doch ferner kann sie auch Aggression oder Neid bedeuten. Das ist insofern interessant, weil Maries Affäre mit dem Tambourmajor nur Ausdruck einer oberflächlichen Leidenschaft ist und damit bei Woyzeck zu Eifersucht und Aggression führt. Damit wird der direkte Zusammenhang zwischen Maries sexueller Freizügigkeit und Woyzecks gewalttätigem Verhalten noch einmal betont.

7.2 Der Totentanz: das Tanz-Motiv

Der Tanz ist das Symbol der Affäre zwischen Marie und dem Tambourmajor, er veranschaulicht die sexuelle Anziehung der beiden. Woyzeck ahnt Maries Untreue bereits vor der Wirtshausszene, wie er Andres in Szene 10 während seinem Dienst in der Wachstube erzählt: *„Tanz, Andres, sie tanzen [...] Tanz, Tanz."* (S. 27, V. 14ff) In Szene 11 stellen Marie und der Tambourmajor ihre Beziehung durch die Teilnahme am Sonntagstanz in der Öffentlichkeit zur Schau. Dadurch bekennt speziell Marie sich vor allen Leuten zu ihrer Affäre und drückt damit auch die Endgültigkeit ihrer Entscheidung aus. Woyzeck hat seine Freundin längst an den Tambourmajor verloren.

Darüber hinaus illustriert der Tanz auch den Effekt, den Maries Untreue auf Woyzeck hat. Seitdem er sie in Szene 11 mit dem Tambourmajor in der Öffentlichkeit beobachtet hat, verfolgen ihn heftige Wahnvorstellungen, regelrechte Mordphantasien: *„stich, stich die Zickwolfin todt."* (S. 30, V. 6f) Ein wesentliches Element des Tanz-Motivs ist dabei Maries Aussage aus Szene 11, gemäß der sie am liebsten *„immer, zu, immer zu"* (S. 28, V. 30) mit dem Tambourmajor weiter tanzen würde. Das *„immer zu"* taucht von diesem Zeitpunkt an wiederholt auf und begleitet leitmotivisch den Entwicklungsprozess, in dem Woyzeck zum Mörder wird. Maries Worte haben ihn völlig aus der Fassung gebracht, noch während Szene 11 wiederholt er sie insgesamt sechs Mal. In Szene 12 verfolgen sie ihn bis hinaus aufs Freie Feld: *„Immer zu! immer zu!"* (S. 30, V. 4) Auch nachts, in Szene 13, sieht er vor seinem inneren Auge pausenlos Marie und den Tambourmajor beim Tanz: *„wenn ich die Augen zumach, dreh't sich's immer und ich hör die Geigen, immer zu, immer zu"* (S. 30, V. 14ff). Selbst die Musik klingt ihm dabei noch in den Ohren.

Zuletzt wird in Szene 21 die Tanzfläche auch nach dem Mord noch einmal zum Schauplatz. Anders als in Szene 11 steht Woyzeck jetzt allerdings nicht mehr außerhalb des Wirtshauses, sondern befindet sich inmitten der Tanzgesellschaft: *„Tanzt alle, immer zu"* (S. 37, V. 17). Zwar sieht er dort im Wahn noch immer Marie und den Tambourmajor, doch im Gegensatz zu vorher nimmt er den Raum jetzt selbst für sich ein. Marie ist tot und der Affäre damit endgültig ein Ende gesetzt.

Es ist bezeichnend, dass gerade die Tanzfläche gleich darauf zu dem Ort wird, an dem Woyzeck als Maries Mörder entlarvt wird und damit sein eigenes Todesurteil fällt. Während er mit Käthe tanzt, entdeckt sie seinen blutigen Ärmel, weshalb Woyzeck sich sogleich vor der Öffentlichkeit rechtfertigen muss. Seine Psychose und die daraus folgende Unzurechnungsfähigkeit, die durch Maries Untreue zuvor am selben Schauplatz überhaupt erst ausgelöst wurde, wird ihm jetzt eben dort zum Verhängnis. Die Tanzfläche rahmt den Verlauf des Mordes motivisch ein und lässt ihn da enden, wo er begonnen hat.

Gedenke des Todes!

Das Tanz-Motiv ist ein beständiges *memento mori*, es illustriert die Vergänglichkeit des menschlichen Lebens. Die Tanzfläche steht motivisch in direktem Zusammenhang mit Woyzecks Psychose, die zu Maries Mord und schließlich Woyzecks Todesstrafe führt. Es ist kein Zufall, dass gerade dort im Wirtshaus auch die Handwerksburschen ganz im Sinne der *Vanitas* über Eitelkeit und Vergänglichkeit sinnieren: *„Alles Irdische ist eitel, selbst das Geld geht in Verwesung über."* (S. 29, V. 27f) Motivisch spielen hier auch die *„Geigen"* (S. 30, V. 15) eine wichtige Rolle, die Woyzeck in Szene 12 und 13 zu hören glaubt. Die Geige gilt als ein Symbol des Todes und des Teufels. Auch in Szene 21 wird daran angeknüpft, als die (Geigen)musik Woyzeck an den *„Teufel"* (S. 37, V. 26) erinnert. Aber auch der Totenschädel aus Szene 1, Maries schwarze Haare in Szene 3 und 23, das Kreuz in Szene 17 oder Woyzecks Eintauchen in den Teich in Szene 24 sind Symbole des Todes und der Vergänglichkeit. Der *Woyzeck* ist *„ein Totentanz, der sich aus sexuellen Verstrickungen und Demütigungen ergibt"*[1]. Er zeigt Woyzecks Abhängigkeit von seinen Verhältnissen, die sich seines Lebens vollständig bemächtigen und damit das tragische Ende vorherbestimmen.

Theatralik

Weiterhin trägt das Tanz-Motiv maßgeblich zum theatralischen Effekt des Dramas bei, der ansonsten eigentlich nur in der Jahrmarktsszene detailliert ausgearbeitet wurde. Als Bestandteil der *„volkstümlichen Festkultur"*[2] veranschaulicht der Tanz die literarische Auseinandersetzung mit dem einfachen Volk. Indem Büchner die Tanzgesellschaft im Wirtshaus zu einem wesentlichen Bestandteil der Handlung macht, ordnet er Woyzeck und Marie klar der sozialen Unterschicht zu und macht sie dadurch als Figuren für den Leser nahbar.

> **Mögliche Prüfungsfrage**
> Erklären Sie den Zusammenhang zwischen dem Tanz-Motiv und dem Mord im Handlungsverlauf. Berücksichtigen Sie dafür insbesondere die Szenen 10, 11, 12, 13, und 21.

7.3　Der Narr: das Märchen-Motiv

In Szene 16 und 21 bettet Büchner mit der Figur des Narren verschiedene Märchenstoffe in die Handlung ein, die das tragische Ende des Dramas vorwegnehmen. Dabei setzt er den Narren als Figur des Erzählers ein und wählt bewusst das Märchen als volksnahes Element. Zum einen bedient das Märchen-Motiv damit die inhaltliche Ebene, zum anderen veranschaulicht es ebenso wie das Tanz-Motiv die Auseinandersetzung mit dem einfachen Volk zugunsten der Theatralik und stellt speziell Woyzeck und Marie dadurch als Menschen aus *„Fleisch und Blut"* dar.

Als der Narr zum ersten Mal auftritt, ist Maries Ermordung bereits geplant. Woyzeck hat sie in der Öffentlichkeit mit dem Tambourmajor beim Tanz gesehen, was den entscheidenden Impuls für seine Psychose und die daraus folgenden Mordphantasien geliefert hat. Seine Entscheidung steht fest, er hat bereits die Mordwaffe gekauft. Auch Marie macht in Szene 16 inzwischen deutlich, dass sie nicht vorhat, ihr Verhältnis mit dem Tambourmajor zeitnah zu beenden. Der Narr antizipiert wiederholt das von diesem Zeitpunkt an absehbare Ende des Dramas anhand verschiedener Märchen-Sujets.

Rumpelstilzchen

In Szene 16 kommentiert der Narr die Beziehung zwischen Marie und Woyzeck anhand des berühmten Grimm-Märchens *Rumpelstilzchen*. *„Morgen hol' ich der Frau Königin ihr Kind"* (S. 33, V. 5) ist eine Abwandlung der bekannten Phrase *„übermorgen hol ich der Königin ihr Kind"*[3]. Im Märchen hilft das Rumpelstilzchen einer einfachen Müllerstochter, über Nacht ein Zimmer voller Stroh zu Gold zu spinnen, damit der König sie zur Frau nimmt. Doch Rumpelstilzchens Dienste haben einen hohen Preis, die Müllerstochter muss ihm unter anderem ihr erstes Kind versprechen. Der Plan geht auf, die Müllerstochter wird Königin. Als sie wenig später tatsächlich ein Kind gebärt,

---

[1] A. Martin: *Georg Büchner*, Stuttgart 2007, S. 208
[2] ebd
[3] Gebr. Grimm: *Rumpelstilzchen*, Frankfurt am Main 1985, S. 252

fordert das Rumpelstilzchen seine Belohnung ein. Die Königin bittet darum, es doch behalten zu dürfen und bietet ihm stattdessen all ihre königlichen Reichtümer an. Doch das Rumpelstilzchen lehnt dieses Angebot ab: *„nein, etwas Lebendes ist mir lieber als alle Schätze der Welt."*[4] Daraufhin weint sie so sehr, dass das Rumpelstilzchen ihr aus Mitleid ein Rätsel aufgibt, mit dessen Lösung sie den Vertrag aufheben kann. Wenn sie innerhalb von drei Tagen seinen Namen errät, darf sie ihr Kind behalten. Weil die Königin Rumpelstilzchens Identität aber entgegen seiner Erwartung tatsächlich herausfindet, zerreißt es sich am Ende selbst vor Wut: *„Das hat dir der Teufel gesagt."*[5]

Mit dem Märchenzitat verweist der Narr auf Maries materialistische Einstellung und ihren Wunsch nach sozialem Aufstieg. Denn ebenso wie die Müllerstochter strebt Marie nach Reichtum und gesellschaftlicher Anerkennung, ohne dabei die weitreichenden Konsequenzen ihres Handelns zu bedenken. Das Verhältnis mit dem Tambourmajor symbolisiert ihre Sehnsucht nach einem besseren Leben und insbesondere die goldenen Ohrringe spielen dabei eine zentrale Rolle. Schließlich erhält auch die Müllerstochter im Märchen die Aufgabe, Stroh zu Gold zu spinnen. Die Verwandlung von Stroh in ein Edelmetall veranschaulicht metaphorisch den Aufstieg vom einfachen Mädchen zur Königin. Interessant ist auch, dass Marie durch ihre Affäre die Beziehung mit Woyzeck und damit ebenso wie die Müllerstochter ihre Rolle als Mutter bereitwillig aufs Spiel setzt. Der entscheidende Unterschied zwischen den beiden ist allerdings, dass Marie anders als die Müllerstochter den sozialen Aufstieg nicht erreicht. Stattdessen erscheint sie rücksichtsloser und trägt durch ihr egoistisches Verhalten maßgeblich dazu bei, dass Woyzeck seine Lebensaufgabe verliert. Dies kostet sie letztendlich das eigene Leben.

Ebenso wie das Rumpelstilzchen legt Woyzeck wenig Wert auf materielle Besitztümer, sondern wünscht sich etwas *„Lebendes"*, nämlich eine intakte Familie. Auch er zerbricht an der Beziehung zu einer materialistisch orientierten Frau. Durch sein Verantwortungsbewusstsein und Mitgefühl verschließt er viel zu lange die Augen vor Maries Untreue und erleidet dadurch einen umso heftigeren Schock, als er sie in der Öffentlichkeit mit ihrem Liebhaber sieht. Auch das Rumpelstilzchen trifft aus Mitleid für die Königin eine gravierende Fehlentscheidung. Am Ende des Märchens hat sie ihn sowohl um seine anonyme Identität als auch um die verdiente Belohnung gebracht. Auch Woyzeck kostet die Beziehung zu Marie gewissermaßen seine Identitätsgrundlage, da er durch ihren Betrug seine Existenzberechtigung als Familienversorger verliert. Selbstzerstörerisch nehmen sich beide schließlich das Leben. Auch hier gibt es allerdings einen entscheidenden Unterschied: das Rumpelstilzchen zerreißt sich aktiv selbst, Woyzeck verliert sein Leben indirekt durch die Todesstrafe, die er für den Mord erhält.

Die wunderliche Gasterei

Ebenfalls in Szene 16 greift der Narr neben der metaphorischen Anspielung auf die zerstörerische Beziehung von Woyzeck und Marie auch Maries tödliches Schicksal voraus. Im Anschluss an das Rumpelstilzchen-Zitat führt er ein zweites Grimmsches Märchen ein: *„Blutwurst sagt: komm Leberwurst"* (S. 33, V. 6). Die Zeile stammt aus dem Volksmärchen *Die wunderliche Gasterei*, in der die Blutwurst die Leberwurst mit einem Messer bedroht und sie anschließend ermordet. Damit wird das Messer als Mordwaffe angedeutet, das Woyzeck sich zuvor in Szene 15 beschafft hat.

---

[4]ebd
[5]ebd, S. 253

Hans und die Bohnenranke

Unmittelbar nach dem Mord nimmt Woyzeck an der Tanzgesellschaft im Wirtshaus teil. Als Käthe seinen blutigen Ärmel entdeckt, wird die Menge auf ihn aufmerksam und umringt ihn. Woyzeck muss sich plötzlich rechtfertigen und ist mit dieser Situation stark überfordert, weshalb er auf die Fragen der Leute nur äußerst widersprüchlich antwortet. Der Wirt deutet an, dass er Woyzecks fragwürdige Begründung für das Blut an seiner Kleidung nicht glaubt: *„Was mit der rechten Hand an den rechten Elbogen. Ihr seyd geschickt"* (S. 38, V. 22f). Seine Aussage repräsentiert die Meinung der gesamten Tanzgesellschaft, dass mit Woyzeck irgendetwas nicht stimmt.

In diesem Moment meldet sich der Narr zu Wort: *„Und da hat der Riese gesagt: ich riech, ich riech, ich riech Menschenfleisch."* (S. 38, V. 24f) Der Satz stammt aus dem bekannten englischen Märchen *Hans und die Bohnenranke*. Seit Anfang des 19. Jahrhunderts ist in Deutschland die Übersetzung von Benjamin Tabart bekannt. Im Märchen tauscht der arme Junge Hans (in der englischen Version: Jack) die letzte Kuh seiner Familie gegen fünf magische Bohnen. Daraus wächst über Nacht eine riesige Bohnenranke, die bis in den Himmel reicht. Als Hans neugierig hinaufklettert, steht er vor einem prächtigen Schloss. Dort bekommt er von einer großen Frau Brot und Milch. In der Küche erschreckt sich die Frau plötzlich, als man draußen die Schritte ihres Mannes hört, denn er ist ein menschenfressender Riese. Sobald er das Schloss betritt, weiß er sofort von Hans' Anwesenheit: Fee! Fie! Foe! Fum! Ich rieche Menschenfleisch. Einerseits deutet das Wort *„Menschenfleisch"* Maries Leichnam im Wald an.

Andererseits repräsentiert die Menge den Riesen. Woyzeck fühlt sich in die Enge getrieben, da die Leute trotz seiner schwachen Verschleierungsversuche längst die Wahrheit ahnen. Ebenso wie Hans sein Menschsein nicht verstecken kann, kann Woyzeck die Tat nicht leugnen; er ist ein Mensch aus *„Fleisch und Blut"*. Er ist durch sein Verbrechen zum Mörder geworden und wird wegen seines undurchdachten Verhaltens während und nach der Tat als solcher erkannt. Im Wirtshaus fühlt er sich in die Ecke gedrängt und liefert mit seiner panischen Reaktion selbst den entscheidenden Hinweis, der ihn letztendlich endgültig als Mörder identifiziert: *„Meint Ihr ich hätt Jemand umgebracht? Bin ich Mörder?"* (S. 38, V. 28f)

Entzauberte Wirklichkeit

Die Zitate des Narren sind zwar inhaltlich sehr nah an den originalen Märchentexten, heben allerdings eher deren düstere Aspekte hervor. Durch die bewusste Abkehr von einer schönen und zauberhaften Märchenwelt betont das negativ konnotierte Märchen-Motiv ganz im Sinne des Sozialdramas die realen Lebensumstände der Unterschicht. Für die arme Bevölkerung gibt es keinen Aufstieg in eine höhere Gesellschaftsschicht, keine utopische Scheinwelt und keine Chance auf ein besseres Leben. Damit wendet Büchner sich bewusst von den romantischen Topoi Idealismus und Hoffnung ab und zeigt dadurch Woyzecks ausweglose Situation noch einmal im Kontext seiner Verhältnisse.

Sterntaler: das Anti-Märchen

Die Erzählung der Großmutter aus Szene 18 nimmt innerhalb des Märchen-Motivs eine gesonderte Stellung ein. Büchner greift darin die drei Grimmschen Märchen *Die Sterntaler*, *Die drei Raben* und *Das singende, springende Löweneckerchen* auf:

„Es war einmal ein arm Kind und hat keinen Vater und keine Mutter, war Alles todt und war Niemand mehr auf der Welt. Alles todt, und es ist hingegangen und hat gerrt Tag und Nacht. Und wie auf der Erde Niemand mehr war, wollt's in Himmel gehn, und der Mond guckt es so freundlich an und wie's endlich zum Mond kam, war's ein Stück faul Holz und da ist es zur Sonn gegangen und wie's zur Sonn kam, war's eine verwelkte Sonnenblume und wie's zu den Sternen kam, warens kleine goldene Mücken die waren angesteckt wie der Neuntödter sie auf die Schlehen steckt und wies wieder auf die Erde wollt, war die Erde ein umgestürzter Hafen und es war ganz allein und da hat sich s hingesetzt und gerrt und da sitzt es noch und ist ganz allein."

– Ref., S. 35

Als wesentlicher Bestandteil von Szene 18 leitet das Märchen den Mordkomplex ein und zeichnet ein schauriges Bild, das das tragische und brutale Ende des Dramas vorwegnimmt. Das arme Kind ohne Mutter und Vater deutet die nahe Zukunft von Woyzecks eigenem Kind an, das ebenfalls bald *„ganz allein"* (S. 35, V. 21) auf der Welt sein wird. Darüber hinaus thematisiert es die Welt der Entbehrung und Unterdrückung, in der sich der Protagonist bewegt. Büchner verarbeitet hier erneut Elemente des Volksmärchens, wie beispielsweise in Struktur und Sprache der Erzählung: *„Es war einmal"* (S. 35, V. 8). Allerdings erstellt er eine stark modifizierte, entfremdete Version und konstruiert ein nihilistisches Anti-Märchen, das die dem Volksmärchen inhärenten Motive des Hoffnungsvollen und Zauberhaften ins Negative verkehrt. Ebenso wie das Waisenkind findet Woyzeck als Mitglied der Unterschicht in der desillusionierten Realität keine Zuflucht oder Hilfe. So wie der Mond, die Sonne und die Sterne ist die Hoffnung auf ein Leben mit Marie an seiner Seite nur ein trügerischer Schein und entpuppt sich bald als ein unerreichbarer Wunschtraum, als ein *„Stück faul Holz"* (S. 35, V. 14f). Weil sein unaufhaltsames Schicksal längst feststeht, gibt es für Woyzeck keine Hoffnung mehr. Interessant ist auch, dass sich Woyzeck ähnlich wie das Waisenkind am Anfang des Dramas eigentlich in derselben miserablen Lage befindet wie am Ende. Er ist schon von Beginn an in seinen Problemen unverstanden, mit seiner Krankheit *„ganz allein"* (S. 35, V. 22). Allerdings sucht auch er nach Halt und Hoffnung, die er in der Beziehung zu Marie und der damit einhergehenden Rolle als Familienversorger zu finden trachtet. Doch ebenso wie beim Waisenkind bleibt die Suche nach einer stabilisierenden Lebensgrundlage ohne Erfolg. Die motivische Darstellung dieser Aussichtslosigkeit ist dabei der *„umgestürzte[] Hafen"* (S. 35, V. 20) am Ende des Märchens, mit dem Büchner den Hafen als literarisches Symbol für Hoffnung und Heimkehr ins Negative verkehrt. Dieses offene Ende der Erzählung, das weder eine moralische Handlungsanweisung oder einen Ausblick auf die Zukunft enthält, bricht mit dem klassischen Volksmärchen und verweist gleichzeitig auf das offene Ende des Dramas.

Mögliche Prüfungsfrage
Vergleichen Sie die beiden Märchen des Narren mit dem Märchen der Großmutter. Stellen Sie Gemeinsamkeiten und Unterschiede dar.

7.4 Die Schuldfrage: das Mord-Motiv

Bin ich Mörder?

Die Frage nach Woyzecks Schuldfähigkeit ist bis heute der wichtigste Gegenstand der Werkrezeption und wird noch immer vielfach diskutiert. Ist Woyzeck schuld an Maries Tod? Kann er für sein Verbrechen verantwortlich gemacht und bestraft werden?

Heutzutage wäre diese Frage aus juristischer Sicht gewiss nicht so leicht zu beantworten. In §20 des deutschen Strafgesetzbuches heißt es zum Thema Schuldunfähigkeit wegen seelischer Störungen:

> *„Ohne Schuld handelt, wer bei Begehung der Tat wegen einer krankhaften seelischen Störung, wegen einer tiefgreifenden Bewußtseinsstörung oder wegen einer Intelligenzminderung oder einer schweren anderen seelischen Störung unfähig ist, das Unrecht der Tat einzusehen oder nach dieser Einsicht zu handeln. "*

– aus §20 StGB

Möglicherweise treffen diese mildernden oder sogar strafausschließenden Umstände auf Woyzeck zu, da er wegen der Psychose seine Einsichtsfähigkeit bereits lange vor der Tat eingebüßt hat. Die Tatsache, dass er an einer psychischen Krankheit, an einer seelischen Störung leidet, hat der Doktor in seiner Rolle als Mediziner schon in Szene 8 bestätigt: *„Woyzeck, er hat eine aberratio."* (S. 22, V. 25) Allerdings gilt es, kritisch zu hinterfragen, ob Woyzeck sich dem Unrecht seiner Tat bewusst ist. Denn zwischen dem Kauf der Mordwaffe und dem Mord selbst vergeht einige Zeit, in der er sich theoretisch hätte umentscheiden können. Ob der Mord also als Affekttat bezeichnet werden kann, ist fraglich. Weiterhin zeigt sein Monolog in Szene 23, dass er die Tat nicht bereut. Im Gegenteil glaubt er, das Richtige getan zu haben, indem er Marie von ihrer Sünde reingewaschen hat: *„Hab ich dich jetzt gebleicht."* (S. 39, V. 21f) Woyzeck scheint sich des Verbrechens also zumindest bewusst zu sein. Unter Berücksichtigung seiner Wahrnehmungsstörung ergibt sich jedoch die Frage, ob er sein Handeln überhaupt verstehen und richtig einordnen kann. Der chaotische Umgang mit der Leiche und der Mordwaffe sowie die Tatsache, dass er sich nach dem Verbrechen blutverschmiert unter Leute begibt, um sich panisch selbst als Mörder zu entlarven, sprechen jedenfalls dagegen. Und dennoch, die Beurteilung der sogenannten Schuldfrage scheint äußerst heikel.

Im Drama identifiziert der Gerichtsdiener das Verbrechen ohne Zweifel als einen klassischen Mordfall: *„Ein guter Mord, ein ächter Mord, ein schöner Mord"* (S. 40, V. 15f). Doch Woyzeck ist kein klassischer Gewalttäter, die Rolle des grausamen Killers fügt sich nicht so recht in das Bild, das der Dramentext sonst von ihm vermittelt. Vielmehr ist der Mord eine Folgereaktion verschiedener äußerer Umstände: Armut, Mangelernährung, Schlafentzug, chronische Überarbeitung, Demütigung und Verrat sowie der Verlust der Existenzberechtigung treiben Woyzeck an seine Belastungsgrenze und lösen die schizophrene Psychose aus. Die Symptome sind Konzentrations- und Schlafstörungen, Halluzinationen, Verfolgungswahn, Depression und sogar Selbstmordgedanken: *„man könnte Lust bekommen, [...] sich daran zu hängen, nur wegen des Gedankenstrichels zwischen Ja, und nein"* (S. 26, V. 10ff). Zu den körperlichen Mangelerscheinungen kommt die aufgestaute systematische Herabwürdigung von Woyzecks Person, die sich in Szene 19 schließlich in einer aggressiven und affektgeladenen Bluttat entlädt: *„Nimm das und das! Kannst du nicht sterben. So! so!"* (S. 36, V. 27f).

Am Beispiel Woyzecks will Büchner die soziale Determiniertheit des Menschen aufzeigen und damit die elenden gesellschaftlichen Lebensverhältnisse der sozialen Unterschicht kritisieren. Woyzeck ist kein Täter, sondern viel mehr ein Opfer seiner Umstände. Denn gemäß Büchners Auffassung ist das Individuum in seinem Handlungsspielraum durch äußere Faktoren eingeschränkt. In einem Brief an die Eltern vom Februar 1834 schreibt er:

„Ich verachte niemanden, am wenigsten wegen seines Verstandes oder seiner Bildung, weil es in niemands Gewalt liegt, kein Dummkopf oder kein Verbrecher zu werden, weil wir durch gleiche Umstände wohl alle gleich würden und weil die Umstände außer uns liegen."

– Büchner, Georg: *An die Familie in: Werke und Briefe.* Hg. von Werner R. Lehmann, 4. Auflage, München, 1983, S. 153

Auf der anderen Seite spielt er auf die fehlende Auseinandersetzung mit der menschlichen Psyche im zeitgenössischen Justizsystem an. Ganz speziell hat ihn diesbezüglich das Figurenvorbild für seinen Protagonisten angeregt. Johann Christian Woyzeck (1780-1824) hatte am 2. Juli 1821 in Leipzig seine Geliebte ermordet und wurde drei Jahre später für dieses Verbrechen hingerichtet. Eine zentrale Rolle spielte dabei das gerichtspsychiatrische Gutachten des Medizinalrats Johann Christian August von Clarus, das den *„sozial verwahrlosten und unter massiven Zwangsvorstellungen leidenden"*[6] J. C. Woyzeck für voll zurechnungsfähig erklärte. Büchner bekam das Clarus-Gutachten in die Hände und las es mit Faszination und Befremden zugleich. Es ist wohl die wichtigste Inspirationsquelle für den *Woyzeck*, den Büchner zu seiner persönlichen Charakterstudie macht, um die von Clarus vernachlässigte Komplexität der menschlichen Psyche herauszustellen (vgl. hierzu auch Kap. 2.4, S. 31). Seinen Protagonisten lässt er in der Entwurfshandschrift H2 noch scharfsinnig verlauten: *„Jeder Mensch ist ein Abgrund, es schwindelt einem, wenn man hinabsieht."* (S. 141, V. 10f) Der bekannte Satz schaffte es letztendlich aber nicht mehr in die überarbeitete Lese- und Bühnenfassung, so viel Verstand traut Büchner seinem fiktiven Woyzeck dann doch nicht zu. Denn er will die Beschränktheit seiner Figur noch einmal mehr ausarbeiten, um damit umso vehementer gegen Clarus anzuschreiben.

> **Mögliche Prüfungsfrage**
> Diskutieren Sie, ob Woyzeck als Mörder schuldfähig ist. Gehen Sie dabei auf den Aspekt der Zurechnungsfähigkeit ein und verwenden Sie dazu auch die Informationen zum realen Mordfall des J. C. Woyzeck aus Kapitel 2.4.

Ist die Beantwortung der Schuldfrage noch so komplex, steht und fällt sie mit dem Tatmotiv. Um sich einer plausiblen Erklärung für Woyzecks Entwicklung zum Mörder anzunähern und der Beziehung zwischen Täter und Opfer damit auf den Grund zu gehen, werden nachfolgend drei verschiedene Erklärungsansätze vorgelegt.

7.4.1 Eifersucht

Das offensichtlichste, wohl klassischste Mordmotiv ist die Eifersucht auf den Tambourmajor. Als Gegenspieler ist er Woyzeck stark überlegen und lässt dessen Defizite dadurch umso deutlicher hervortreten (vgl. hierzu auch Kap. 6.3). Die Vorstellung, dass Marie sich mit ihm trifft, macht Woyzeck in Szene 10 rasend vor Eifersucht: *„Andres, ich hab keine Ruh."* (S. 27, V. 21) Je länger er darüber nachdenkt, desto schlimmer verfolgt ihn der Gedanke an seine untreue Freundin: *„Es dreht sich mir vor den Augen. Was sie heiße Händ haben. Verdammt Andres! [...] Ich muß fort."* (S. 27, V. 24ff) In Szene 11 beobachtet er fassungslos, wie der Tambourmajor in der Öffentlichkeit unanständig *„an ihr herumtappt, an ihrem Leib"* (S. 29, V. 11).

---

[6]A. Martin: *Georg Büchner*, Stuttgart 2007, S. 191

Doch Woyzeck ist dem Tambourmajor in jeder Hinsicht unterlegen, speziell steht auch seine Mangelernährung im starken Kontrast zu dessen Größe und Muskelkraft. In Szene 14 verliert Woyzeck in einem Zweikampf gegen seinen Rivalen, wodurch seine körperliche Schwäche noch einmal deutlich wird. Am Ende der Szene sitzt er blutend auf der Bank und plant seine Rache. Denn Woyzeck weiß genau, dass er gegen den Tambourmajor machtlos ist. Niemals könnte er ihm etwas antun, eher würde er bei dem Versuch wohl selbst umkommen. Dennoch muss er die Affäre beenden. Aus diesem Grund richtet er seine Aggression stattdessen gegen Marie, der er als einziger Person überhaupt etwas anhaben kann.

Maries Ermordung erscheint vergleichsweise mühelos. Woyzeck bringt sie in den Wald, um sie kurz darauf dort zu erstechen. Aus dem Dramentext ist nicht zu entnehmen, dass Marie sich in irgendeiner Form gegen Woyzeck zur Wehr setzt. Eine wichtige Rolle spielt dabei ihre distanzierte Beziehung zu Woyzeck. Aufgrund ihres mangelnden Interesses an ihm und ihrer Fehleinschätzung bezüglich seiner Krankheit verkennt Marie ihn als Gewalttäter. Sie ist sich bis zur letzten Sekunde nicht darüber im Klaren, zu was Woyzeck fähig ist. Aus diesem Grund geht sie sogar freiwillig mit ihm in den Wald, obwohl sie in der Szene zuvor anhand von Woyzecks vager Aussage *„Weiß ich's?"* (S. 35, V. 27) wohl hätte ahnen können, dass etwas nicht in Ordnung ist.

Die distanzierte Beziehung zu Marie ist wahrscheinlich auch eine Erklärung dafür, warum Woyzeck sich überhaupt zu so einer schrecklichen Tat überwinden kann. Zwar hatte er aufgrund seines chronischen Zeitmangels schon zu Beginn des Dramas nur wenig Kontakt zu Marie, doch mit dem Fortschreiten ihrer Affäre hat sich auch der emotionale Abstand zu ihr stark vergrößert. Während er in Szene 9 noch erzählt, dass er außer ihr *„sonst nichts auf der Welt hat"* (S. 25, V. 25), nennt er sie in Szene 19 eine Hure: *„heißer Hurenathem"* (S. 36, V. 15f). Mit Sicherheit spielt dabei auch Maries undankbares und scheinheiliges Verhalten eine Rolle. Obwohl Woyzeck sich so hingebungsvoll für sie aufopfert und seinen Alltag danach ausrichtet, sie im Rahmen seiner Möglichkeiten finanziell zu unterstützen, erhält er von seiner Freundin keine Rückendeckung. Stattdessen lügt sie ihn mehrfach an und nimmt seine Wahnvorstellungen als Ausrede, ihre Affäre zu leugnen (vgl. hierzu auch Kap. 6.2).

7.4.2 Die psychische Krankheit

Aufgrund der Teilnahme am Ernährungsexperiment des Doktors ist Woyzeck in einer schlechten körperlichen Verfassung. Über einen längeren Zeitraum darf er sich nur von Erbsen ernähren und muss zu Untersuchungszwecken regelmäßig Urin abgeben. Der Grund für seine Teilnahme an der Studie ist die nur recht dürftige Entlohnung, auf die er aber zwecks der Versorgung von Marie und seinem Kind angewiesen ist. Die einseitige Ernährung führt mit der Zeit zu einer regelrechten Vergiftungserscheinung, die sich neben den körperlichen Entzugssymptomen auch massiv auf die Psyche auswirkt. Bereits in Szene 1 leidet Woyzeck an Halluzinationen und Verfolgungswahn. Auf dem freien Feld fühlt er sich von den Freimaurern verfolgt und sieht am Horizont ein apokalyptisches Inferno: *„Ein Feuer fährt um den Himmel"* (S. 9, V. 26). Die Beziehung mit Marie und die damit einhergehende Verantwortung ist also schon zu Beginn des Dramas ein entscheidender Grund für Woyzecks geistige Verwirrung.

Woyzeck könnte wohl als hochsensibel beschrieben werden. Auf die Sinnesreize in seiner Umgebung reagiert er äußerst empfindlich. Diese Eigenschaft wird ebenfalls bereits in Szene 1 betont, als er trotz der anbrechenden Dämmerung mit den visuellen Reizen stark überfordert ist: *„Wie hell!"* (S. 9, V. 26). Während des gesamten Dramas trägt Woyzeck seine geistige Verwirrung stark

nach außen und versucht mehrfach, sich mitzuteilen. Er erzählt Marie von seinem Verfolgungswahn: *„Marie, es war wieder was [...] Es ist hinter mir gegangen bis vor die Stadt.“* (S. 11, V. 21ff)
Wiederholt wendet er sich auch an seinen Freund Andres: *„Andres! Andres! Ich kann nit schlafen,
wenn ich die Augen zumach, [...] dann spricht's aus der Wand“* (S. 30, V. 13ff). Allerdings stößt
Woyzeck auf wenig Verständnis beziehungsweise Unterstützung. Aufgrund ihrer Beschränktheit
können Andres und Marie seine Symptome nicht richtig einordnen, möglicherweise ist die Überforderung mit Woyzecks Verhalten auch mit Desinteresse zu begründen. Allein der Doktor schätzt
seinen Zustand korrekt ein, verweigert ihm jedoch eine Behandlung. Stattdessen freut er sich sogar darüber, weil Woyzeck sich dadurch umso besser als Forschungsobjekt eignet: *„er hat die
schönste aberratio mentalis partialis, [...] sehr schön ausgeprägt, Woyzeck er kriegt Zulage.“* (S.
22, V. 31ff)

Weil Woyzeck so sensibel ist, kann er die systematische Demütigung in seinem beruflichen Umfeld nur schwer ertragen. Sowohl der Hauptmann als auch der Doktor zeigen ihm durch zahlreiche
gehässige Erniedrigungsversuche ihre Geringschätzung, was ihn wiederholt in eine regelrechte
Erklärungsnot stürzt: *„Aber Herr Doctor, wenn einem die Natur kommt.“* (S. 21, V. 12f) Mehrfach
scheitert er daran, sich argumentativ gegen die beiden zu behaupten, was ihm seine eigene Unzulänglichkeit umso mehr vor Augen führt. Denn insbesondere der Hauptmann macht sich einen
großen Spaß daraus, Woyzeck immer wieder auf seine fehlende Bildung sowie seine niedrige Soziale Stellung aufmerksam zu machen: *„Ha! Ha! Ha! O er ist dumm, ganz abscheulich dumm.“* (S.
17, V. 26f) Zusammengefasst präsentiert sich Woyzecks Alltag also als endlose Existenzkrise. Die
Kombination aus körperlichen Entzugserscheinungen, chronischer Überarbeitung, Schlafmangel,
Ablehnung und Verständnislosigkeit sowie die kontinuierliche Herabwürdigung seiner Person treiben ihn im wahrsten Sinne des Wortes in den Wahnsinn.

Seine Beziehung zu Marie nimmt dabei eine gesonderte Stellung ein, was wahrscheinlich der
Grund dafür ist, weshalb er ausgerechnet sie am Ende zu seinem Mordopfer macht. Denn ihre
Affäre mit dem Tambourmajor ist der entscheidende Auslöser für Woyzecks Psychose und bewirkt
den vollständigen Verlust seiner Zurechnungsfähigkeit. Das lässt ihn dadurch letztendlich zum
kopflosen Mörder werden. Obwohl er schon zu Beginn des Dramas psychisch labil ist, gibt die Rolle
des Familienversorgers seinem Leben ein Ordnungsprinzip, sie bildet die einzige stabilisierende
Grundlage. Gewissenhaft und aufopferungsvoll versucht er seine Pflicht bestmöglich zu erfüllen.
Wahrscheinlich ist dies auch eine Erklärung dafür, dass Woyzeck so lange wie möglich die Augen
vor Maries Betrug verschließt, obwohl es schon seit Szene 4 deutliche Anzeichen gibt. Denn er
will nicht wahrhaben, dass seine Freundin längst im Begriff ist, ihm seinen einzigen Lebensinhalt
zu nehmen.

Aus diesem Grund stellt Szene 11 einen entscheidenden Wendepunkt in Bezug auf Woyzecks
innere Einstellung dar. Als er Marie zusammen mit dem Tambourmajor in der Öffentlichkeit beim
Tanz sieht und die Affäre nicht weiter verdrängen kann, tritt anstelle der selbst aufgezwungenen
Disziplin und Kontrolle das Bedürfnis nach einem Racheakt, durch den sich die aufgestaute Frustration endlich entladen kann. Seit Szene 12 wird Woyzeck von schlimmen Wahnsinnsanfällen
gequält, die sich schrittweise zu immer konkreteren Mordphantasien entwickeln. Eigentlich ist er
schon seit der Wirtshausszene nicht mehr zurechnungsfähig und spätestens zum Zeitpunkt des
Mordes nicht mehr Herr seiner Sinne. Seine Psychose bestimmt sein Handeln, vermutlich ist er
sich der fatalen Konsequenzen des Verbrechens überhaupt nicht bewusst (vgl. hierzu auch Kap.
5.1, S. 75).

7.4.3   Die Befreiung von der Gesellschaft

Woyzeck ist arm, er gehört der sozialen Unterschicht an und verbringt sein Leben am Existenzminimum. In erster Linie basiert seine geringe soziale Stellung freilich auf seiner Armut, doch seine Misere ergibt sich eigentlich aus der Beziehung zu Marie. Denn die nahezu unerfüllbare Pflicht zur finanziellen Versorgung seiner Familie führt ihm seine eigene bedauernswerte Situation noch deutlicher vor Augen: *„Wir arme Leut. [...] Geld, Geld. Wer kein Geld hat."* (S. 18, V. 11f) Denn nur zu diesem Zweck arbeitet er für den Hauptmann und muss dessen Erniedrigungen über sich ergehen lassen: *„Woyzeck er hat keine Tugend, er ist kein tugendhafter Mensch."* (S. 18, V. 19f) Auch das Kind *„ohne den Segen der Kirche"* (S. 17, V. 32) spielt dabei eine zentrale Rolle, weil der Status als unverheirateter Mann Woyzeck zusätzlich Angriffsfläche bietet. Die Beziehung zu Marie ist weiterhin der Grund für seine Nebentätigkeit als Forschungsobjekt beim Doktor. Darüber hinaus setzt ihre Affäre mit dem Tambourmajor ihn in den direkten Vergleich mit einem stärkeren und angeseheneren Mann: *„Was ein Mann, wie ein Baum."* (S. 10, V. 13) Im Prinzip gehen alle Grenzerfahrungen, die Woyzeck in seinem Alltag erdulden muss, mit seiner Beziehung zu Marie einher. Wenn er nur für sich selbst sorgen müsste, wäre er möglicherweise ebenso gefestigt wie seine Spiegelfigur Andres.

Der Mord an Marie könnte daher auch ein letzter verzweifelter Versuch sein, sich vom gesellschaftlichen Druck und der finanziellen Verantwortung zu befreien. Die Tat wirkt wie ein trotziger Befreiungsschlag, eine Protestreaktion gegen die bestehenden Gesellschaftsverhältnisse. Denn vermutlich weiß Woyzeck auch, dass er für dieses Verbrechen hingerichtet werden kann, wie er in Szene 17 Andres gegenüber andeutet: *„es weiß niemand, wer seinen Kopf darauf legen wird."* (S. 34, V. 13f) Seitdem die Psychose durch Maries Untreue ausgelöst wurde, hat Woyzeck ohnehin seinen Lebenswillen verloren. Möglicherweise wäre er lieber selbst tot, anstatt weiterhin sein bedauernswertes Dasein zu fristen.

8 Abituraufgaben

Aufgabe in...	Aufgabenstellung	auf...
Kapitel 1	Stellen Sie kurz die vier unterschiedlichen Deutungsansätze des Dramas vor dem Hintergrund seiner Rezeptionsgeschichte dar. Belegen Sie im Anschluss einen der Deutungsansätze anhand des Dramentextes.	S. 21
Kapitel 2	Stellen Sie anhand der beruflichen Situation des Protagonisten Franz Woyzeck dar, inwiefern Büchner das Phänomen des Pauperismus in das Drama einarbeitet.	S. 27
Kapitel 2	Vergleichen Sie den historischen Mordfall des J. C. Woyzeck mit dem Mord im Drama. Stellen Sie Gemeinsamkeiten und Unterschiede dar.	S. 32
Kapitel 3	Beschreiben Sie in vergleichender Perspektive die Figurenrede von Woyzeck und dem Hauptmann anhand des Dramentextes. Berücksichtigen Sie dafür insbesondere die Szenen 5 und 9. Erläutern Sie im Anschluss jeweils die Schichtzugehörigkeit der Figuren.	S. 42
Kapitel 3	Erklären Sie am Beispiel der Figurenrede Woyzecks die abwechselnde Verwendung von Dialekt-Sprache und Hochdeutsch im Dramentext. Gehen Sie dabei insbesondere auf die Lebensumstände des Protagonisten ein.	S. 43
Kapitel 4	Beschreiben Sie jeweils die Argumentationsstruktur Woyzecks und des Hauptmanns in der Rasierszene mit Belegen aus dem Dramentext. Vergleichen Sie dabei auch die sprachliche Gestaltung der Figurenrede und verwenden Sie dazu die Informationen zur Sprache im *Woyzeck* aus Kap. 3.2.	S. 52
Kapitel 4	Interpretieren Sie die Rasierszene vor dem Hintergrund Büchners programmatischer Kunstauffassung. Verwenden Sie dazu die Informationen zur Rezeptionsgeschichte aus Kap. 1.3.	S. 52
Kapitel 4	Erläutern Sie die systematische Demütigung Woyzecks durch Hauptmann und Doktor anhand des Dramentextes, jeweils unter Berücksichtigung der sprachlichen Gestaltung der Figurenrede. Gehen Sie dabei speziell auch auf Woyzecks Reaktion ein.	S. 57

Aufgabe in...	Aufgabenstellung	auf...
Kapitel 4	Ordnen Sie das Märchen der Großmutter in den Handlungsverlauf des Dramas ein. Erläutern Sie im Anschluss, warum Büchner das Märchen an dieser Stelle platziert und verwenden Sie dazu die Informationen zum Märchen-Motiv aus Kap. 7.3.	S. 63
Kapitel 4	Belegen Sie anhand des Dramentextes Woyzecks geistige Verwirrung nach dem Mord.	S. 66
Kapitel 4	Diskutieren Sie, inwiefern Szene 26 als Schlussszene des Dramas in Frage kommt und verwenden Sie dazu die Informationen zur fragmentarischen Überlieferung des Dramentextes aus Kapitel 3.1.	S. 68
Kapitel 5	Inwiefern lassen sich die Hauptfiguren des Dramas in zwei Gruppen einteilen? Begründen Sie.	S. 73
Kapitel 5	Stellen Sie die Entwicklung von Woyzecks Psychose anhand des Dramentextes dar. Berücksichtigen Sie dafür insbesondere die Szenen 1, 11, 12, 13, 21 und 23.	S. 77
Kapitel 5	Erklären Sie Maries Sehnsucht nach einem besseren Leben vor dem Hintergrund ihrer sozialen Stellung. Gehen Sie dabei insbesondere auf Maries Verhältnis mit dem Tambourmajor ein und verwenden Sie dazu auch die Informationen zur Figurenkonstellation zwischen Marie und dem Tambourmajor aus Kapitel 6.3.	S. 79
Kapitel 5	Erklären Sie, warum die Figur des Hauptmanns eine bestimmte Bevölkerungsschicht repräsentiert. Berücksichtigen Sie dabei auch die sprachliche Gestaltung der Figurenrede in den Szenen 5 und 9.	S. 83
Kapitel 5	Charakterisieren Sie die Figur des Doktors.	S. 84
Kapitel 6	Vergleichen Sie die Maries Beziehung zu Woyzeck mit ihrem Verhältnis zum Tambourmajor und verwenden Sie dazu auch die Informationen zur Figurenkonstellation zwischen Marie und Woyzeck aus Kapitel 6.2. Arbeiten Sie auf dieser Grundlage die Unterschiede zwischen Woyzeck und dem Tambourmajor heraus.	S. 91
Kapitel 7	Erklären Sie den Zusammenhang zwischen dem Tanz-Motiv und dem Mord im Handlungsverlauf. Berücksichtigen Sie dafür insbesondere die Szenen 10, 11, 12, 13, und 21.	S. 98
Kapitel 7	Vergleichen Sie die beiden Märchen des Narren mit dem Märchen der Großmutter. Stellen Sie Gemeinsamkeiten und Unterschiede dar.	S. 101
Kapitel 7	Diskutieren Sie, ob Woyzeck als Mörder schuldfähig ist. Gehen Sie dabei auf den Aspekt der Zurechnungsfähigkeit ein und verwenden Sie dazu auch die Informationen zum realen Mordfall des J. C. Woyzeck aus Kapitel 2.4.	S. 103

A Literaturverzeichnis

#1 Aristoteles: *Poetik*. Griechisch/Deutsch. Übers. von Manfred Fuhrmann, Stuttgart: Reclam 1992.

#2 Beese, Marianne: *Georg Büchner*. Hamburg: Ingo Koch Verlag 2015.

#3 Büchner, Georg: *Woyzeck*. Studienausgabe. Hrsg. von Burghard Dedner. Stuttgart: Reclam 1999.

#4 Dedner, Burghard: *Nachwort*. In: Georg Büchner: Woyzeck. Studienausgabe. Hrsg. von Burghard Dedner. Stuttgart: Reclam 1999, S. 175-210.

#5 Grimm, Brüder: *Rumpelstilzchen*. In: Sämtliche Märchen und deutsche Sagen. Kinder- und Hausmärchen gesammelt durch die Brüder Grimm. Band 1. Hrsg. von Heinz Rölleke. Frankfurt am Main: Suhrkamp 1985, S. 251-253.

#6 Lehmann, Werner R.: *Georg Büchner: Sämtliche Werke und Briefe*. Historisch-kritische Ausgabe mit Kommentar. Vermischte Schriften und Briefe. Band 2. München: Hanser-Verlag 1983.

#7 Martin, Ariane: *Georg Büchner*. Stuttgart: Reclam 2007.

#8 Oesterle, Günter: *Georg Büchner und seine Zeit. Ein privilegierter Schriftsteller und ein solitäres Werk*. In: Spiegel der Forschung 29, 2 (2012), S. 18-27.

#9 Jochen Schmidt: *Die nachromantische Künstler-Novelle: Ablösung des Genie-Gedankens*. Büchners ‚Lenz'. In: Die Geschichte des Genie-Gedankens in der deutschen Literatur, Philosophie und Politik 1750–1945. Band 2. Hrsg. von Jochen Schmidt. Darmstadt: Wissenschaftliche Buchgesellschaft 1985, S. 48-52.